MADRID POR DENTRO

Título: *Madrid por dentro*

Lectio Ediciones
c./ Muntaner, 200, ático 8.ª
08036 Barcelona
T. 93 363 08 23 / F. 93 363 08 24
www.lectio.es
lectio@lectio.es

Primera edición: noviembre de 2013
ISBN: 978-84-15088-90-5
DL: T-1155-2013
Impreso en Romanyà Valls, S. A.

Rafael Fraguas

MADRID POR DENTRO

Personajes e historias de la ciudad a través del metro

Cuadrilátero de libros

Índice

Líneas

- **1** Pinar de Chamartín - Valdecarros
- **2** Las Rosas - Cuatro Caminos
- **3** Villaverde Alto - Moncloa
- **4** Argüelles - Pinar de Chamartín
- **5** Alameda de Osuna - Casa de Campo
- **6** Circular
- **7** Hospital del Henares - Pitis
- **8** Nuevos Ministerios - Aeropuerto T4
- **9** Mirasierra - Arganda del Rey
- **10** Hospital Infanta Sofía - Puerta del Sur
- **11** Plaza Elíptica - La Fortuna
- **12** Metrosur
- **R** Ópera - Príncipe Pío

Metro Ligero

- **1** Las Tablas - Pinar de Chamartín
- **2** Colonia Jardín - Estación de Aravaca
- **3** Colonia Jardín - Puerta de Boadilla

Simbología

- Cabecera de línea
- Estación
- Estación con cambio de tren
- Transbordo entre líneas
- Transbordo largo entre líneas
- Metro Ligero
- Estación de Cercanías-Renfe
- Estación de Ferrocarril de Largo Recorrido
- Conexión con tren de alta velocidad
- Terminal de autobus interurbano
- Terminal de autobus interregional
- Aeropuerto
- Suplemento Aeropuerto
- Estación con horario restringido
- Estación adaptada para discapacitados
- Parking
- Cabeceras líneas de autobus nocturno
- Oficina de Información
- Oficina Tarjeta Transporte Público
- B1, B2, B3: Cambio Tarifario

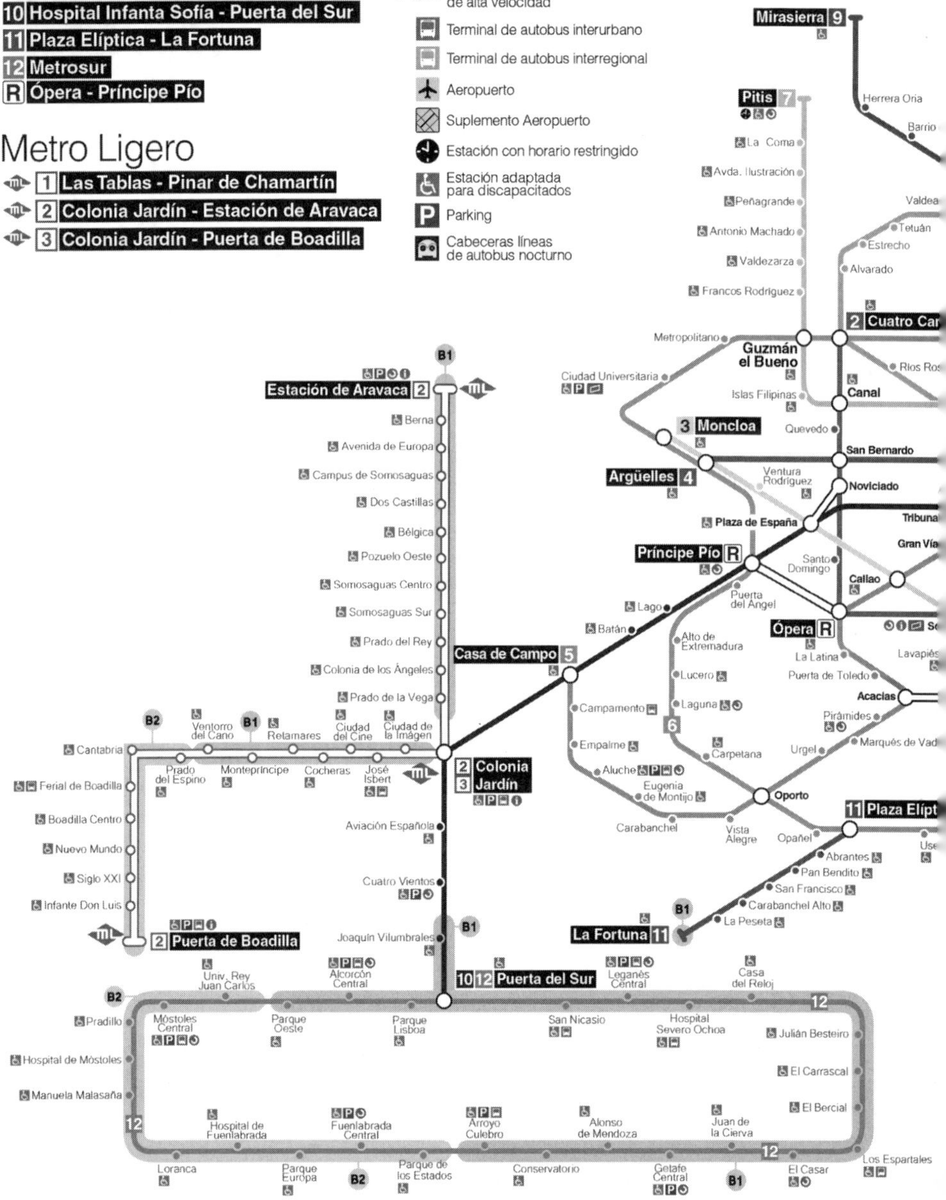

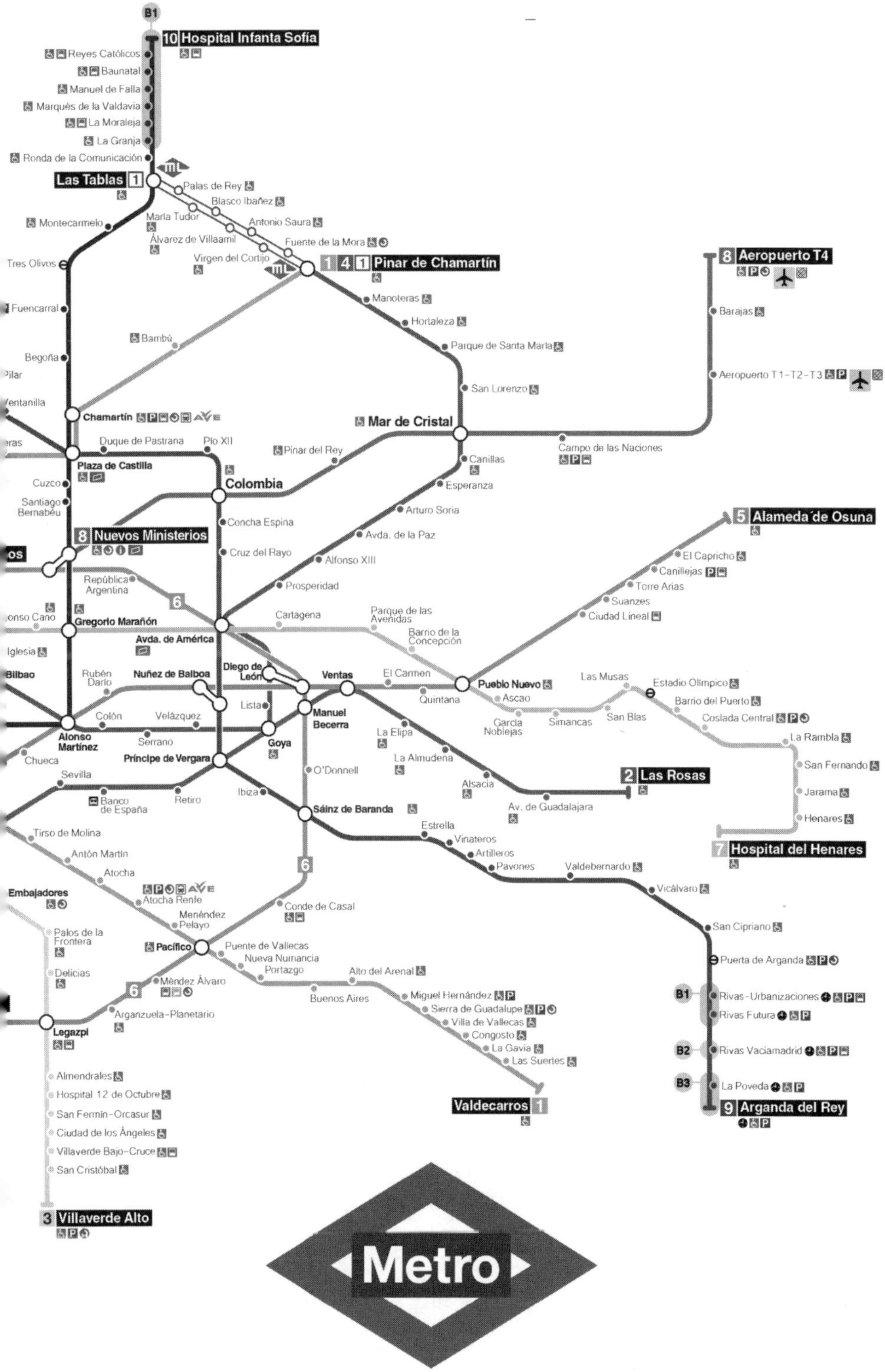

B1
10 Hospital Infanta Sofía
Reyes Católicos
Baunatal
Manuel de Falla
Marqués de la Valdavia
La Moraleja
La Granja
Ronda de la Comunicación
Las Tablas 1
Palas de Rey
Blasco Ibañez
María Tudor
Antonio Saura
Álvarez de Villaamil
Fuente de la Mora
Virgen del Cortijo
Montecarmelo
Tres Olivos
1 4 1 Pinar de Chamartín
8 Aeropuerto T4
Manoteras
Hortaleza
Parque de Santa María
Barajas
Fuencarral
Bambú
Begoña
Aeropuerto T1-T2-T3
San Lorenzo
Chamartín
Mar de Cristal
Duque de Pastrana
Pío XII
Pinar del Rey
Campo de las Naciones
Canillas
Plaza de Castilla
Colombia
Cuzco
Esperanza
Santiago Bernabéu
Arturo Soria
Concha Espina
5 Alameda de Osuna
8 Nuevos Ministerios
Avda. de la Paz
Cruz del Rayo
Alfonso XIII
El Capricho
Canillejas
República Argentina
Prosperidad
Torre Arias
6
Suanzes
Gregorio Marañón
Cartagena
Parque de las Avenidas
Ciudad Lineal
Avda. de América
Barrio de la Concepción
Iglesia
Bilbao
Rubén Darío
Nuñez de Balboa
Diego de León
Ventas
El Carmen
Pueblo Nuevo
Las Musas
Estadio Olímpico
Quintana
Ascao
Barrio del Puerto
Lista
Manuel Becerra
Simancas
San Blas
Coslada Central
Colón
Velázquez
La Elipa
García Noblejas
Alonso Martínez
Serrano
Goya
La Rambla
Chueca
Príncipe de Vergara
La Almudena
San Fernando
O'Donnell
2 Las Rosas
Sevilla
Alsacia
Jarama
Ibiza
Banco de España
Retiro
Sáinz de Baranda
Av. de Guadalajara
Henares
Estrella
Tirso de Molina
Vinateros
7 Hospital del Henares
Artilleros
Antón Martín
Pavones
Valdebernardo
Atocha
6
Embajadores
Atocha Renfe
Vicálvaro
Conde de Casal
Menéndez Pelayo
Palos de la Frontera
San Cipriano
Pacífico
Puente de Vallecas
Nueva Numancia
Puerta de Arganda
Delicias
Portazgo
Alto del Arenal
Méndez Álvaro
B1
Rivas-Urbanizaciones
6
Miguel Hernández
Buenos Aires
Sierra de Guadalupe
Rivas Futura
Arganzuela-Planetario
Villa de Vallecas
Legazpi
Congosto
La Gavia
B2
Rivas Vaciamadrid
Las Suertes
Almendrales
B3
La Poveda
Hospital 12 de Octubre
Valdecarros 1
9 Arganda del Rey
San Fermín-Orcasur
Ciudad de los Ángeles
Villaverde Bajo-Cruce
San Cristóbal
3 Villaverde Alto

Metro

A Lucía, desde el corazón

Proemio

Panteón vivo de personalidades célebres. Tal es la función no escrita de la red de estaciones del metro de Madrid. Grandes, pequeñas y medianas figuras de la historia, el arte, la política, el foro, la escena o la pluma dieron nombre a las terminales del ferrocarril subterráneo, en abierto contraste con las que bautizaron las calles de la ciudad y cuya coincidencia ha sido perpetuamente eludida. Su orden es caprichoso, incluso arbitrario. La linealidad de la red impone criterios que apenas admiten el relato, para hacer primar rubros de eficiencia, ahorro de tiempo y otras prioridades funcionales. Hay ausencias, desde luego, en aquel nomenclátor, sobre todo relativas a la mitad de la población madrileña: las mujeres. Muy pocas de ellas fueron distinguidas para figurar en sus rangos. Alguna que otra presencia masculina podría ser prescindible. Cierto. Pero las denominaciones existentes, sirven en su mayoría para hacer revivir en la memoria el recuerdo de gentes que alcanzaron nombradía en el Madrid donde residieron, la ciudad que amaron y que de tal manera les evoca. Sus nombres están a diario en boca de todas y todos. La actualidad de su recuerdo se percibe, se pronuncia y se lee cada minuto: reside también en el latido, en el trepidar de las baldosas de las calles al paso incesante de los trenes que surcan el subsuelo entrañado de la ciudad, ocupados por millones de personas. Y todo ello gracias a miles de otras personas que, adentradas en el seno más profundo de Madrid, lucharon en su día y prosiguen luchando hoy contra la obscuridad, para poner sus mentes y sus manos a la tarea de horadar el subsuelo y abrir caminos de encuentro, en una ciudad duplicada, subterránea, donde seres de carne y hueso facilitan generosamente a los demás la vida.

Hoy, las líneas del ferrocarril metropolitano de Madrid crecen con una velocidad de crucero exponencial respecto de aquella otra con la que emprendió su singladura en 1919. Entonces, fue aleccionada por el impulso de un rey, Alfonso XIII, que apostó por el proyecto —con alcance social, buscado o no— y puso el primer millón de pesetas —lo pidió prestado a su hijo el Príncipe de Asturias— de los ocho millones que cubrieron el arranque financiero de la iniciativa.

La recaudación para financiar el proyecto de metro de Madrid fue en su origen muy costosa, ya que un banco vasco anunció que adelantaría cuatro millones si el ingeniero Carlos Mendoza, mentor de la idea junto con el también ingeniero Miguel Otamendi, aportaba los otros cuatro. Una vez que el Rey se avino a colaborar en el proyecto y se supo de su anuencia, el dinero acudió impetuosamente de todas partes. Fue poco antes cuando Mendoza, joven ingeniero de caminos, canales y puertos, durante su luna de miel en París quedó fascinado por el ferrocarril subterráneo que surcaba las íntimas profundidades de la antigua Lutecia, donde hubo de vencer dificultades sin cuento derivadas del surco que allí traza el Sena. Por su parte, el ingeniero Miguel Otamendi se había persuadido de la importancia del ferrocarril subterráneo durante su visita a una exposición universal celebrada en la ciudad estadounidense de San Luis, en el estado de Missouri, en el año 1904.

Mendoza había accedido al mundo de la ingeniería gracias a su pasión por la hidráulica, como había expresado ya en 1910 en un proyecto para hacer navegable el río Guadalquivir entre Córdoba y Sevilla mediante un sistema de esclusas, vinculado asimismo a áreas de regadío zonal entre cada uno de los diez tramos en los que lo había seccionado. Entusiasta del proyecto ferroviario subterráneo, concebido como prolongación del Ensanche madrileño ya pergeñado en el siglo XIX, Carlos le contó su idea al marqués de Santillana, al cual le unían estrechos lazos de amistad —los titulares de este marquesado castellano llevan también el apellido Mendoza—. Luego anudaría contactos con los mejores ingenieros y arquitectos vascos del momento, los hermanos Miguel y Joaquín Otamendi, conocidos por sus peculiares capacidades de ideación, y el primero de ellos, también por sus dotes de persuasión, las que alcanzaron hasta la mismísima Corona de España, cuyo titular se dejó seducir por el proyecto madrileño, que ya había sido barajado en 1883. Más adelante, en 1892, también fue contemplado por Pedro García Faria, y en 1898 por Arturo Soria.

La idea siguió adelante. Aquellos primeros tres kilómetros de vías, inaugurados por el monarca en una ceremonia, con cóctel incluido, en la estación de Cuatro Caminos —hoy, en su ramal de la línea 6 circular, la más profunda de Madrid, con más de cincuenta metros de hondura—, suman ya trescientos kilómetros y su contraste con la timidez de las primeras líneas es hoy abrumador. Pero el efecto expansivo de tal interconexión subterránea de los barrios de Madrid prosigue, mientras la malla que suele trenzar el bastidor de toda megalópolis aflora por doquier y crece cada año, y su red, conectada ya con las líneas de ferrocarril de Cercanías y pronto con las de largo recorrido, parece asemejarse a un universo, por ese expandirse incesante.

Hemos subido al vagón. Comienza nuestra singladura. No hay apenas luz que aquí nos guíe. Sólo contamos con la pericia de los conductores-maquinistas, la certeza de una ruta segura y los mimbres de un relato trenzado por la historia madrileña. Pero en cada estación elegida saldremos a la calle a merodear, a escarbar un poco en el pasado y a descubrir quiénes moraron en los edificios de las inmediaciones, cómo vivieron, qué actos signaron sus vidas y, si se tercia, nos aventuraremos a descubrir ese genio del lugar, esos diosecillos de cada enclave que vagan por los espacios interiores como *Wiyi*, un gnomo descubierto por el conde Tolstoi que los campesinos rusos aseguraban haber reconocido, ya que «sus párpados llegaban hasta el suelo».

Tal vez en nuestro viaje no encontremos ningún gnomo, pero, con certeza, daremos con sorpresas inesperadas, insólitos hallazgos. Porque Madrid, ciudad fragmentada por excelencia, por debajo de esa trepidante trama de ruido y prisa que la recubre, da paso a un rico torrente de aguas cristalinas surtidas por miles de manantiales que bombean su néctar desde una entraña a la que nuestra aventura, con certeza, nos aproxima. Imaginemos que nuestros vagones son bajeles que surcaran esas aguas que afamaron acuosa y maternamente Madrid —«Sobre aguas fui edificada», reza la matricial leyenda— y que cada estación a la que arribamos fuera un puerto luminoso donde desembarcásemos, esperanzados, en busca de tesoros. Embarquemos, pues, ahora. Un millar de sorprendentes descubrimientos nos aguardan.

Metro Línea 1

Tirso de Molina, plaza céntrica

La hoy llamada plaza de Tirso de Molina, donde se sitúa una céntrica y embaldosada estación de metro homónima, es una de las más señeras de Madrid. A ella hemos salido y la observamos con detenimiento. Posee una singularidad tan peculiar que para muchos lugareños y forasteros parece ser la metáfora de los espacios interiores más prietamente poblados de la ciudad. Umbría por su enclave, figura no obstante entre las más animadas, señaladamente durante las mañanas de los fines de semana, en las cuales se activan sus numerosos comercios de flores mientras que por su ámbito pulula un gentío ruidoso y cosmopolita.

Con razón, en la plaza se hallan las calles que allí arrancan para declinar, a veces de manera abrupta, hacia Lavapiés, emblema multicultural madrileño por excelencia. La topografía de la plaza es discontinua, algo dispersa y, al transitarla, el/la paseante tiene la impresión de hallarse dentro en una suerte de recinto cercado donde vecinos imaginarios, asomados a los balcones, escudriñaran con intensidad y regocijo.

El caserío circundante a la plaza de Tirso de Molina muestra añejas fachadas. En uno de sus edificios tiene desde hace décadas la sede el Club de Amigos de la Unesco, un círculo que reunía a las fracciones más instruidas y progresistas del estudiantado pobre y del proletariado de Madrid. Precisamente este enclave donde se encuentra el club fue, desde mediados del siglo XIX, llamado plaza del Progreso. Hoy, sin embargo, lleva el seudónimo de Gabriel Téllez, fraile mercedario más conocido por ser uno de los principales dramaturgos españoles del siglo XVI, que residió en un cercano y enorme convento de la zona erigido por la orden religiosa a la que él perteneciera. *La villana de Vallecas* y *Don Gil de las calzas verdes* son dos de sus más renombradas obras, junto con *El burlador de Sevilla*, uno de los precedentes de don Juan Tenorio, el personaje que en el siglo XIX inmortalizara el vallisoletano José Zorrilla e inspirara numerosas composiciones musicales, teatrales y, posteriormente, cinematográficas.

Pero, con certeza, la estatura literaria del fraile Tirso de Molina, quien presumiblemente diera nombre originalmente a la plaza, grupa que fue grande sin duda, no debió ser la causa fundamental que llevó a los ediles madrileños a dedicar en 1943 la plaza a la memoria del religioso, sino, por el contrario, cuitas de otra naturaleza, concretamente, cuitas políticas.

¿Dónde está Mendizábal?

Allá van. La plaza de Tirso de Molina, como señalamos, se llamó previamente y durante setenta años, entre los siglos XIX y XX, plaza del Progreso. En su ámbito, se alzó algo virada hacia el este durante casi un siglo una escultura de bronce de tres metros de porte más su peana, que fue financiada por suscripción popular y esculpida por el escultor cántabro José Gragera. Representaba al político liberal andaluz, ministro y hacendista Juan Álvarez Mendizábal, que figuraba en pie,

con levita decimonónica y gesto enérgico.

¿Qué fue de aquella estatua de bronce hoy desaparecida? Se sabe que permaneció en su emplazamiento desde la revolución de 1868, llamada Gloriosa, hasta el fin de la Guerra Civil, en 1939. Mendizábal, prócer liberal gaditano, fue a lo largo de medio siglo polo de las más vivas —y agrias— frondas políticas por haber sido considerado mentor de la principal desamortización de bienes de la Iglesia católica. Aquella decisión política se tradujo en la venta pública de cuatro millones y medio de hectáreas de tierras llamadas «de manos muertas» que el clero patrimonializaba desde tiempo inmemorial, así como en la consecutiva exclaustración de monjes y religiosas de monasterios y conventos.

De entonces surgió el abandono del monasterio cartujo madrileño de El Paular, situado junto a la localidad serrana guadarrameña a los pies de Peñalara —el monte más alto del territorio madrileño, con 2.482 metros de altitud— y la dispersión por distintos puntos de España, desde A Coruña y Tarragona hasta Córdoba, no sólo de su comunidad religiosa, sino de una extraordinaria colección de cincuenta y cuatro obras de arte pintadas por Vicenzo Carduccio que representan distintos momentos de la historia de la comunidad cartuja —la misma que presumiblemente dio el apellido al pintor—. Siglo y medio después de aquellos hechos, ya entrado el siglo XXI, cincuenta y tres obras de arte han regresado a El Paular y decoran su principal claustro de tal forma que su conjunto compone uno de los repertorios monotemáticos de arte barroco más importantes del mundo, florón madrileño del arte.

Volvamos a Juan Álvarez Mendizábal. Había nacido en Cádiz en 1790. Cosmopolita, erudito, conspirador y financiero, llegó a ocupar hasta cuatro carteras ministeriales en un mismo gobierno. Fue presidente del Consejo de Ministros entre 1835 y 1836. Loado por liberales y librepensadores, odiado por conservadores y reaccionarios, en 1853, a su muerte y tras una colecta nacional convocada a la sazón, se le erigió una estatua en el centro de la ciudad, que quedó instalada en el tumultuoso año de 1868 en la llamada entonces plazuela del Progreso.

Lo último que se conoce sobre la estatua del desamortizador, considerada por el pensador vasco Miguel de Unamuno como «la mejor efigie escultórica de Madrid», señala que un día de 1939, una vez terminada la Guerra Civil con la victoria del bando franquista, fue apeada de su peana, seccionada y enviada a unos almacenes municipales situados a la altura del número 116 de la calle del aviador Joaquín García Morato, hoy llamada de Santa Engracia.

Enrique Pardo Canalís, miembro del Instituto de Estudios Madrileños, insinuó en una publicación suya fechada en 1954 que la efigie de Mendizábal fue fundida; algunos madrileñistas sugirieron que su bronce había sido posteriormente empleado para esculpir otra estatua de significación ideológica bien distinta, es decir, seguramente clerical. El desamortizador gaditano sería considerado por el clero, favorecido grandemente por Franco tras la contienda, como uno de sus más denostados enemigos.

Hubo precedentes en el Madrid de la posguerra: los sillares de un monumento situado en el parque del Oeste, edificado antes de la Guerra Civil y dedicado en 1936 al líder socialista Pablo Iglesias (Ferrol, 1850-Madrid, 1925), fundador de la Unión General de Trabajadores, al finalizar la contienda, fueron utilizados para vallar el parque del Retiro, a lo largo de la avenida de Menéndez Pelayo. El monumento incluía una cabeza de gran tamaño del dirigente obrero ferrolano, tallada por el escultor Emiliano Barral. Gracias a un aparejador llamado José Manuel Pradal, hermano de un arquitecto y diputado socialista de nombre Gabriel, y a la complicidad de algunos jardineros y agentes municipales, la cabeza en piedra caliza de Pablo Iglesias fue escondida en un extremo del jardín de Herrero Palacios que flanquea el parque del Retiro por la avenida de Menéndez Pelayo. Allí permaneció desde 1941 hasta 1977, cuando, gracias a un mapa que obraba en poder de la Ejecutiva socialista, fue rescatada del hoyo profundo donde se mantuvo sepultada desde 1939 hasta entonces.

El hecho de que presos políticos fueran forzadamente movilizados para acometer tales labores de acarreo y erección del tapial del Retiro procedente del monumento al líder sindical socialista, tuvo, según los mentores de tal obra, la impronta de una expiación: en las tapias del parque, por esa misma zona y en los primeros días de la Guerra Civil, fueron frecuentes los fusilamientos sumarios de supuestos o reales quintacolumnistas, nombre bajo el cual se designaba a los colaboradores clandestinos del ejército de Franco, cuyas tropas, instaladas en la Casa de Campo, más concretamente en el cerro de Garabitas y zonas aledañas, hostigaban la ciudad con artillería pesada, ya desde el mes de noviembre de 1936.

Prueba de aquellos bombardeos que se abatieron sobre

Madrid reiteradamente hasta el fin de la contienda —en una ocasión las bombas incendiarias lanzadas por la aviación hitleriana, al parecer dirigidas contra la estación ferroviaria de Atocha, alcanzaron las cubiertas del Museo del Prado y de la Biblioteca Nacional— es que, para guarecerse de las bombas, la ciudad se pobló de centenares de refugios antiaéreos, como uno recientemente descubierto que está situado a la entrada del parque del Retiro por la puerta que da a la calle de Ibiza. La familia de un capataz del zoológico, con doce hijos, se adentraba al completo en él cuando arreciaban los impactos.

Volviendo a la plaza de Tirso de Molina, de donde arrancaba nuestro relato, historiadores, académicos y arquitectos realizaron tiempo atrás gestiones para averiguar el destino de la gran estatua de Juan Álvarez Mendizábal; algunos de ellos llegaron a proponer la erección de otra de su impar calidad y hechura, la mejor de las atribuidas al santanderino Gragera.

Línea 1

Antón Martín, o el trasiego incesante

La plaza dedicada a este piadoso clérigo del siglo XVI, fundador de varios hospitales para ancianos enfermos situados en la zona, da nombre a dos bocas de sendas estaciones del ferrocarril metropolitano. Su trasiego es constante dada la centralidad de la plaza, que tiene muy cerca el barrio de Lavapiés —que declina hacia el sur—; la Academia de la Historia y el Ateneo Artístico, Científico y Literario, en sentido norte y, al oeste, la iglesia del Salvador y San Nicolás, donde labora uno de los últimos imagineros de tallas de Semana Santa de cuantos habitaron en la ciudad.

Una de las bocas de metro, la que mira al este, se halla sobre el lomo de la inclinada calle de Atocha y se abre a la calle muy cerca de donde estuvo instalada la imprenta que alumbró la primera edición de *El ingenioso hidalgo don Quijote de la Mancha*, en 1604. Por ello, la Sociedad Cervantina eligió el mismo recinto para instalar su sede, dedicada al inmortal escritor vecino de la cercana calle de Francos, hoy Lope de Vega, y que, por cierto, fue sepultado en un rincón aún desconocido enclavado apenas a un centenar de metros de distancia en línea recta de la que fuera su imprenta, en el interior de un convento trinitario. Fue ésta la orden religiosa a la que se encomendó el rescate de Miguel de Cervantes Saavedra de sus captores en Argel.

La otra boca de metro de Antón Martín da a la misma plaza, donde se encuentran varios hitos muy importantes de la historia capitalina, ya que en su centro estuvo situada la Fuente de la Fama, que fue trasladada luego a la parte trasera del edificio del Hospicio de San Fernando, en la calle de Fuencarral, hoy sede del Museo de Historia.

Al pie de tan grande fontana, cuando se hallaba emplazada en Antón Martín, terciado el siglo XVIII, un cochero de nombre Bernardo y de verbo encendido encabezó el motín contra los recortes de capa, sombrero y chambergo decididos por el ministro de Carlos III, el italiano marqués de Esquilache, con el propósito de desembozar a los madrileños y reducir la impunidad de los malhechores, que bajo su embozo ocultaban su identidad. La medida le costó el puesto al ministro y un serio disgusto al monarca, quien rigiera antes de venir a Madrid el reino de Nápoles, de donde se trajo artesanos y orfebres para las fábricas reales de tapices y cerámica, junto y dentro del parque del Buen Retiro.

El Teatro Monumental, situado en la misma plaza de Antón Martín, que luego sería cine y posteriormente centro de espectáculos musicales dada sus excelentes condiciones acústicas, fue testigo en 1935 del estreno mundial de un concierto para violín del renombrado compositor e intérprete ruso Sergei Prokofiev.

En la zona anterior de la plaza se halla la farmacia El Globo, la más veterana de Madrid, flanqueada por otra farmacia que lleva en funcionamiento, por parte de la misma familia, desde 1901. En el centro de la glorieta se alza un monumento muy emotivo, con una veintena de figuras esculpidas en rojizo acero corten, encaramadas sobre una peana circular de caliza:

representa un conjunto de personas que se abrazan en una conmovedora escena de concordia. La escena está basada en un cuadro de Juan Genovés, pintor figurativo progresista, que quiso rendir tributo a la amnistía lograda en el arranque de la transición de la dictadura a la democracia gracias a las luchas de masas desplegadas bajo el franquismo por los partidos y sindicatos de izquierda.

Precisamente, el grupo escultórico fue instalado en Antón Martín porque muy cerca de la plaza, en el portal 55 de la calle de Atocha, se encontraba el despacho de abogados laboralistas miembros del Partido Comunista de España y del sindicato Comisiones Obreras que en la noche del 27 de enero de 1977 fueron ametrallados a quemarropa por un comando de ultraderecha. Cinco de ellos resultaron muertos y tres heridos de gravedad.

El monumento está pues dedicado a los abogados de Atocha asesinados entonces. En 2004 pudo ser colocada la lápida que allí lo recuerda. El entierro de los letrados en el cementerio del Este fue considerado, junto con el del primer alcalde socialista Enrique Tierno Galván, en 1985, y con el del fundador socialista Pablo Iglesias, en 1925 —cuyo ataúd fue bajado en grúa desde un piso alto de su casa, sin ascensor, en la calle de Ferraz—, uno de los más concurridos de la historia de la ciudad, dada la inserción de los letrados asesinados en la vida madrileña por su dedicación a la defensa de los trabajadores, quienes acudieron en masa a despedirlos.

Hacia la Academia de la Historia y el Ateneo

En la cercana calle del León se eleva el edificio de la Academia de la Historia, la primera construcción plenamente ignífuga de Madrid, obra del impar Juan de Villanueva, arquitecto también del Museo del Prado. Sobre un lugar cercano tuvo su morada una comunidad de monjes jerónimos, que poseía la canonjía de concesión real —el monopolio— de la venta de biblias, comercio mediante el cual la orden religiosa se financiaba y regía el monasterio de San Lorenzo de El Escorial. Un pavoroso incendio devastó la propiedad, por lo que la orden decidió dotarse de una casa que resultara inmune a las

llamas. La contemplación de su interior permite observar las dimensiones de sus pétreos muros y la armonía de sus sólidas bóvedas, trazadas por Villanueva.

Dentro del edificio de la Academia de la Historia funciona desde 1916 uno de los ascensores de madera más veteranos de Madrid, semejante a otro que sigue en actividad dentro del Palacio Real, tallado en perfumada madera de limoncillo. También de madera policromada es uno de los tesoros que conserva la Academia, un retablo acarreado hasta Madrid por una yunta de bueyes desde el monasterio de Santa María de Huerta, en plena desamortización de Mendizábal. Es, quizás, uno de los más bellos trípticos medievales de cuantos existen en España. Tiene una espléndida ornamentación morisca surgida de las manos de orfebres y ebanistas de Aragón, donde la penetración islámica durante la Edad Media fue muy intensa y permanente.

Si el paseante prosigue apenas doscientos metros más calle de León abajo, irá a dar, ya en la calle del Prado, con la fachada neoplateresca de un edificio coronado con efigies como la de Miguel de Cervantes, Alfonso X y Félix Lope de Vega y Carpio. Alberga el Ateneo Científico, Artístico y Literario, la decana de las instituciones culturales madrileñas. Como tal, data de 1835, aunque hasta su instalación en la calle del Prado, a finales del siglo XIX, ocupó distintas sedes, la primera en la calle de la Montera, cerca de la Puerta del

Sol. Uno de sus presidentes, el primero, fue el general Francisco Javier Castaños, quien, con la decisiva contribución de garrochistas andaluces, venció a las tropas de Napoleón Bonaparte, al mando del general Dupont, en la localidad jienense de Bailén. Aquélla fue la primera grave derrota del arrogante corso en julio de 1808.

Metro Línea 1

Atocha, un espartal milagroso

Uno de los enclaves madrileños de mayor nombradía interior y proyección externa es el de Atocha, asociado desde finales del siglo XIX a la terminal de ferrocarril que cuenta allí con la principal estación meridional de la ciudad y otras dos que figuran entre las importantes del metropolitano, una de ellas en conexión con las vías férreas que parten hacia el sur y el este de la ciudad. Pero mucho antes, ya en la Edad Media, cuando se trataba de un paraje emplazado en el extrarradio de la pequeña villa del Madrid preislámico, fue Atocha lugar célebre debido a su situación, singularizada por el llamado cerrillo de San Blas, un promontorio natural del terreno que domina visualmente todo el sur de Madrid. Este cerro, que poseyó una antiquísima ermita y cuenta con un manantial hoy oculto, sería con el tiempo escenario de hechos de gran relieve.

¡Los sarracenos!

Así, un luminoso día de un mes cualquiera del atribulado siglo IX, un campesino madrileño que laboraba allí en un atochar del que vivía con su familia gracias al cultivo del esparto, oteó desde su cima la inminente llegada de sarracenos. La polvareda levantada por sus monturas y los gritos nasales de la soldadesca agarena arrebataron el ánimo del labrador y lo sepultaron en el pavor más enloquecido que concebir quepa. Aterrorizado por la convicción de que su mujer y sus hijas serían forzadas, violentadas y deshonradas, decidió degollarlas allí mismo para impedirlo. Así lo hizo. Tomó su puñal y, una tras otra, las acuchilló en el cuello hasta la muerte.

Tras el paso de los musulmanes —*M'o salman* en persa significa «hijos de Salomón»—, el paisano reparó en la salvajada que había cometido y oró tan conmovidamente a la Virgen que, según cuenta la leyenda, María se apiadó de sus víctimas y decidió que resucitaran. Ellas regresaron a la vida, eso sí, con las marcas en sus cuellos del puñal que las degolló.

La evocación de aquel milagro generó en la aldea medieval una devoción, ya desde entonces ininterrumpida, hacia la imagen de la Virgen del atochar que guardaba la ermita del cerrillo. El cerro sería llamado a partir de aquella fecha de San Blas —patrono, por cierto, de las afecciones de garganta—. Sobre su lar se edificó un templo que llegaría a ser uno de los más importantes de Madrid. Y ello porque los reyes y reinas de España iniciaron la tradición, en el arranque del siglo XVII, de presentar sus vástagos a los pies de la Virgen de aquella iglesia, que llevaría el nombre de Atocha por el atochar, espartal, donde el campesino degollador vivió con su familia.

Un templo con mucha historia

El templo, dedicado pues a Nuestra Señora de Atocha, atraería la atención de los madrileños, que peregrinaban anual-

mente allí. Hay que tener en cuenta que, a la sazón, el paraje se hallaba en el extrarradio de la villa, sobre el camino hacia Vallecas, entonces un pueblo periférico que llamó la atención de dramaturgos del Siglo de Oro como Lope de Vega y Tirso de Molina.

El templo, al que fue adosado un convento, fue asignado a la orden dominicana, la misma que por imperativo papal ejercía desde la Edad Media la encomienda inquisitorial del Santo Oficio. Pocos forasteros y lugareños de Madrid conocen un hecho de trascendencia evidente acaecido en el recinto conventual: fue precisamente en el interior de una de sus celdas donde se produjo, según algunos estudiosos de la muy conceptuada Orden de Santo Domingo, un hecho crucial en la historia de la literatura universal.

Allí pasó sus últimos días fray Bartolomé de las Casas, el sacerdote regular andaluz que viajó a América en una de las primeras singladuras transoceánicas y que, tras una primera fase de su vida por él mismo considerada insulsa y servil, optó por tomar conciencia contra el despotismo y pasó a denunciar la conducta esclavista de los virreyes en la zona mexicana de Chiapas, donde fue obispo.

El caso fue que el apóstol de los indios, como llegó a ser llamado por su intercesión ante Carlos I, que le concedía audiencia inmediata en el Alcázar madrileño, tras múltiples viajes y audiencias áulicas vino a morir al recinto dominico de Nuestra Señora de Atocha. Sus fatigas y tremendos combates contra enemigos de fuerza desproporcionada, como los altivos virreyes españoles de América, acabarían por debilitar su atribulada salud. Pues bien, uno de los jóvenes que escuchó de sus labios el relato vivido de aquellas desiguales lides contra tan fieros enemigos fue, precisamente, Miguel de Cervantes Saavedra, alumno del Estudio de Humanidades del maestro de letras Juan López de Hoyos, bajo el palacio del duque de Uceda, frente a la iglesia de Santa María.

¿No fueron aquellas narraciones —escuchadas por el impar escritor alcalaíno de viva voz del mismo apóstol de los indígenas— las que fundamentaron la creación del personaje de Alonso Quijano, transformado luego en el caballero que combatiera denodadamente a los gigantes y malandrines que se enseñoreaban por doquier de los caminos de la vieja España, según las atribuladas vivencias de Las Casas contra virreyes y comendadores en las Indias?

La basílica de Atocha fue asimismo escenario de un frustrado atentado con arma blanca perpetrado por un religioso enloquecido contra la reina Isabel II, que sería destronada, entre otros, por el general reusense Juan Prim y Prats, asesinado en una sórdida conjura registrada en el palacio de Buenavista y en la calle del Turco, hoy Marqués de Cubas, junto al Banco de España. En esta misma vía, una neva-

da tarde del 27 de diciembre de 1870, un grupo de sicarios asaltó la berlina verde en la que Prim viajaba con dos edecanes y fue tiroteado a quemarropa. Recibió hasta nueve impactos de postas de plomo en el hombro, en un codo y en sendas manos. Uno de los disparos le amputó la falange de su dedo anular izquierdo. Trasladado al palacio de Buenavista, sede de la Presidencia del Consejo de Ministros —que pasó de ser propiedad de la Casa de Alba a la del privado de Carlos IV, Manuel de Godoy—, Prim sufrió presumiblemente tres días de agonía. En tal plazo y dado el temor de sus asesinos a la enorme vitalidad derrochada por el invicto general catalán en cien batallas, fue al parecer estrangulado, dadas las marcas de correas de cuero en torno a su cuello halladas 142 años después de su muerte, en septiembre de 2012, por un equipo de forenses, criminólogos e investigadores de la universidad privada madrileña Camilo José Cela.

El cadáver de Juan Prim sería expuesto precisamente en la basílica de Atocha, donde fue contemplado de cuerpo presente por Amadeo de Saboya, recién llegado simultáneamente a la muerte del mandatario. Amadeo I fue el primer rey electo por las Cortes en la historia contemporánea española, y en su nombramiento fue determinante la decisión del general Prim, que no sentó nada bien ni a franceses, ni a prusianos ni a británicos, evidencia que lleva a algunos estudiosos a considerar que tal animadversión internacional cristalizaría en una trama que culminó en su atroz asesinato.

En el mismo recinto de la basílica de Nuestra Señora de Atocha se yergue un bellísimo *campanile*, obra del arquitecto Manuel Arbós. Es de estilo neovéneto, esto es, contiene elementos arquitectónicos y ornamentales inspirados en los procedentes del universo otomano, que afloraba en Europa por el magno portal de la medieval Venecia. Su esbelta torre domina un recinto porticado con verjas de color rojo mate que dan paso a un mausoleo donde se encuentran sepultados algunos de los principales próceres políticos del siglo XIX. Es el Panteón de Hombres Ilustres, donde, por cierto, permaneció sepultado Juan Prim hasta 1971, que alberga los restos de Antonio Cánovas del Castillo, José Canalejas, Práxedes Mateo Sagasta, Salustiano Olózaga, Agustín Argüelles, Francisco Martínez de la Rosa y otros destacados prohombres decimonónicos, como el político, hacendista y desamortizador Juan Álvarez Mendizábal, el titular de la desaparecida estatua de la plaza de Tirso de Molina.

En el centro de la plaza que el callejero madrileño denomina glorieta de Carlos V, se levanta un monumento singular. Es una suerte de gigantesco frasco, de un vidrio especial fabricado en Alemania, con forma de tronco de cono de rebordes circulares. Está circundado por una suerte de pradera negra hecha con virutas de asfalto, sobre la que permanecen a lo largo del año claveles marchitos que un día fueron lozanos. El conjunto compone el monumento erigido en la glorieta en homenaje a las 192 víctimas del atentado terrorista acaecido en Madrid el 11 de marzo de 2004.

La gigantesca masa vítrea tenía como función la de hacer visible cada uno de los nombres de las víctimas inscritos en el interior, aprovechando la iluminación que el curso del sol traza a lo largo del día, pero, por razones desconocidas, el proyecto inicial fue alterado y los nombres de los difuntos quedaron implantados en el muro de un receptáculo subterráneo situado bajo el mismo monumento. A este recinto hay acceso directo desde la estación de metro llamada Atocha Renfe.

Pavlov en Madrid

Al norte de la glorieta, justo en el lugar donde declina la calle de Alfonso XII, en su día llamada de Granada, se encuentra un edificio achaflanado respecto del eje de la plaza, con pórtico columnado y cubierta curva amansardada y de plomo. Es el Museo Etnográfico, que permanece erguido como vestigio del impulso cientifista que sacudió el Madrid atribulado del último tercio del siglo XIX. Todo lo que las gentes españolas de ciencia dedicadas a los estudios etnoantropológicos —también a los ritos, costumbres, atuendos, incluso artes plumarias— cosecharon por tierras americanas, las de Filipinas también, y desde luego las africanas, tiene en este museo muestras significativas, allí exhibidas al público, que acostumbra mostrar perplejidad cuando contempla el cadáver momificado de un gigante humano, más precisamente, extremeño, «coleccionado» en el museo para resaltar sus características antropológicas. Un caso semejante provocó años atrás un escándalo morrocotudo en la localidad catalana de Banyoles.

Impulsor de este museo madrileño cuyo aroma tanto recuerda al siglo XIX fue el famoso doctor Velasco, un hombre progresista que tuvo que enfrentarse a los escolásticos paradigmas de su época para acreditar sus avanzadas investigaciones antropológicas. Cobró auge durante la revolución llamada Gloriosa, en 1868, y en años inmediatamente posteriores, en la estela revolucionaria; mas durante la Restauración monárquica, sus esfuerzos se vieron truncados. Tuvo que sufrir una leyenda en su contra, que añadir al drama personal de haber perdido a una adorada hija en la flor de la adolescencia: se decía que, por sus saberes antropológicos, era experto en momificaciones, por lo cual había embalsamado a la muchachita y la paseaba en una calesa por las calles de Madrid al caer la tarde. Más que tal conducta necrofílica, el sambenito que le fue atribuido parece haber sido el estigma con el que hubo de cargar por su progresismo, al igual que también lo hubo de pagar Luis Simarro, pionero de la psicología experimental en España, que sentó cátedra desde el Hospital de San Carlos, muy cerca de la plaza de Atocha, sobre la calle de este nombre.

Pocos lugareños y lugareñas saben que fue en este recinto médico donde el celebérrimo fisiólogo ruso Ivan Pavlov reveló por primera vez sus hallazgos sobre la teoría de los reflejos condicionados, popularmente conocida como la «teoría del perro de Pavlov». Eran tiempos en los que Madrid se convirtió en una de las capitales científicas de Europa; años más tarde la ciudad sería visitada por personalidades de la estatura intelectual de Marie Curie o Albert Einstein, que conferenciaron en la Residencia de Estudiantes, en el barrio alto de Madrid, entre la calle de Serrano y el paseo de la Castellana. Es una suerte de Universidad Libre en clave anglosajona, por sus pautas estrictas versadas hacia un modelo de convivencia insólito en las aulas y residencias universitarias españolas, con un toque de elitismo del que acostumbraban teñirse los vástagos de las clases burguesas acomodadas, como el cineasta aragonés Luis Buñuel, el poeta granadino Federico García Lorca y el dibujante y pintor Salvador Dalí, que en esta institución, vinculada al librepensamiento, trabaron una divertida amistad que la Guerra Civil y la posguerra truncaron.

Arquitectura de renombre

De regreso a Atocha, preside la estación, que no es sólo la del metropolitano, sino, históricamente, también la del ferrocarril, una torre de ladrillo coronada por el reloj más grande de la ciudad, cuyas agujas poseen entre cinco y siete metros. La torre se alza sobre el enorme hangar de estilo eiffeliano de la veterana estación de tren, ubicada en ese lugar con el propósito de adentrar el tren en el corazón de la ciudad, flanqueada por una enorme cornisa que cierne Madrid por poniente, desde las estribaciones de la Ciudad Universitaria, pasando por el Palacio Real y la ronda de San Francisco, valladar natural que obligó a los ingenieros a trazar el itinerario del ferrocarril según una línea circular que lo vadeara.

Atocha fue remozada en los años noventa por el arquitecto navarro Rafael Moneo, que erigió, además de la torre, un distribuidor central, también de ladrillo, a modo de cubo, que dialoga formalmente con el monumento a las víctimas del 11-M, así como unos hangares ampliados de anchurosas cubiertas metálicas para estacionamiento de automóviles.

En el extremo sur de la glorieta de Carlos V, justo en la zona dedicada a la llegada de viajeros de los trenes de alta velocidad, el artista manchego Antonio López situó dos grandes cabezas broncíneas, de tonalidad negro-verdosa, que representan los rostros de dos bebés dormidos. Su presencia allí parece poner una nota de inocencia en una plaza-glorieta, demasiado alterada por las actuaciones oficiales, signadas durante los últimos años por un desdén evidente hacia la presencia vegetal en el interior de la ciudad, actitud que ha desalmado buena parte de los escenarios públicos capitalinos. La pulcritud de López, campeón del hiperrealismo contemporáneo y considerado el Velázquez de nuestro tiempo, le ha asignado merecimientos deslumbrantes, mas también un controvertido récord relativo al tiempo invertido en la hechura de un retrato previamente pagado: el de la Familia Real española, que le fue encargado en 1996 y que diecisiete años después permanecía inacabado.

Metro Línea 1

Miguel Hernández, en los cuatro puntos cardinales

Una estación de metro ubicada en la primera línea de las construidas en Madrid, la línea 1, posee desde el arranque del siglo XXI el nombre de Miguel Hernández. El poeta de Orihuela, uno de los más grandes de las letras españolas, encontró en Madrid su paraíso y su infierno. Paraíso, porque desde su agro alicantino, donde pastoreaba ganado de su padre, veía la gran ciudad como faro de todos sus anhelos. Por la estación de Atocha llegaría, precisamente, un día del año 1923, con el ánimo listo para un triunfo literario que se haría, no obstante, de rogar. Miguel confió siempre en la bonhomía de los poetas y, ni corto ni perezoso, se dirigió a Juan Ramón Jiménez, consagrado ya como gran vate, en demanda de ayuda; tras varios retornos a Orihuela y regresos madrileños, sus demandas adoptarían la forma de un empleo como redactor de la famosa enciclopedia taurina del ensayista vallisoletano José María de Cossío. Con aquel salario lograría Miguel cubrir sus necesidades básicas.

En casa de Neruda

La descarnadamente humana personalidad de Hernández, su honradez y, sobre todo, su tan sinceramente apasionada actitud hacia el verso, explícita en un arte de poetizar único y original, hizo que fuera prohijado por otros vates maduros, como el propio Pablo Neruda, diplomático chileno afincado en Madrid, en los años treinta del pasado siglo, como representante de su país andino y que, con el tiempo, sería distinguido con el Premio Nobel de Literatura. Muchas tardes, Miguel acudía a tertuliar sobre poesía al domicilio de Neruda en la llamada Casa de las Flores, situada en el barrio de Argüelles, la primera manzana construida en Madrid con crite-

rios de separación de edificios para armonizar intimidad y sociabilidad con cánones inaugurados en el neoyorquino barrio de Brooklyn por arquitectos progresistas. En aquellas tertulias, Miguel percibía el afecto de casi todos sus colegas y el desdén de algunos otros, como el poliédrico Federico García Lorca, según contaban testigos de aquel incruento roce entre ambos gigantes de la poesía.

Igualmente, Miguel Hernández se aproximaría filialmente a Vicente Aleixandre, futuro Premio Nobel también como Neruda, y cuya casa de la calle de Wellingtonia, en el confín de la avenida de la Reina Victoria que arranca de Cuatro Caminos, sería muy frecuentada por el joven bardo alicantino. Aleixandre y Hernández trabaron una estrecha amistad que les granjeó múltiples gozos, aunque también deparó a Miguel un terrible perjuicio: un valioso reloj, raro en la muñeca de un supuesto albañil, que le había sido regalado por su amigo Vicente, fue el que delató al poeta oriolano y comisario político del V Regimiento comunista en la proximidad de la frontera portuguesa, cuando trataba de huir del Madrid recién ocupado por las tropas franquistas a finales de marzo de 1939.

Marcado por la política

La vida política de Hernández en Madrid fue muy intensa y tuvo en Cuatro Caminos, al noroeste de la ciudad, más precisamente en un colegio salesiano próximo a la estación de metro de Francos Rodríguez, su epicentro, por ser el cuartel general del comisariado político del regimiento formado por el Partido Comunista a imitación del adaptado por el Partido Bolchevique para el Ejército Rojo tras la Revolución soviética de octubre de 1917.

El poeta, establecido en Madrid, recorrió numerosos frentes arengando y organizando a las tropas republicanas, leyendo sus poemas e infundiéndoles moral y motivación combatiente hasta la caída de la ciudad en poder de las tropas de Franco en las postrimerías del mes de marzo del tercer año de combates. Una vez detenido en Extremadura y enviado a Madrid, Miguel gozó de unas semanas de libertad, pero volvió a ser apresado. Ingresó primero en una prisión de la calle de Noviciado y luego fue a dar a la prisión instalada en un convento anexo a la fundación Elorz, en la entonces calle de Torrijos, hoy Conde de Peñalver, en el centro-norte de Madrid, desde donde partió hacia Alicante; allí moriría de tuberculosis en medio de grandes penurias sufridas durante su cautividad.

Curiosidades de la vida, ese mismo convento donde permaneció apresado Miguel Hernández sería años después, y durante casi dos décadas, el almacén clandestino del principal aparato de propaganda del Partido Comunista de España. La cosa surgió porque una mujer exiliada convenció a su hermana, que era una de las rectoras del convento, para que cedieran las instalaciones a unos «amigos suyos», y lo hizo sin que nadie le preguntara a qué tipo de actividad iban a ser destinadas.

Metro Línea 4

Serrano, «el general bonito»

La estación de metro situada bajo la confluencia de las calles de Goya y Serrano está dedicada a un general, domiciliado en el arranque de esta importante vía pública, que destacó como figura cardinal del siglo XIX por los altos emprendimientos militares y políticos en los que estuvo comprometido en la corte de Isabel II, a la cual cortejó y, también, contribuyó a derrocar. De personalidad compleja, urdidora en lo político y algo dado a lo mistérico, «el general bonito», como le apodaban los suyos, da nombre a la considerada como la calle más elegante de Madrid.

Sin embargo, su figura es sometida hoy a un intenso revisionismo, que duda de si merece llevar una calle de esta importancia, habida cuenta de que cada vez más historiadores se plantean como una evidencia que fue uno de los inductores, si no el autor material también, del asesinato del general Prim en la entonces calle del Turco, hoy Marqués de Cubas, justo en la fachada ganada por Rafael Moneo para el Banco de España tras la demolición del palacio que ocupó durante décadas esta esquina, donde hoy una placa conmemora el bicentenario aún no celebrado del asesinato del general reusense.

El Madrid más burgués

Embajadas como la de Estados Unidos; suntuosos templos como el de los jesuitas; museos de arte como el Lázaro Galdiano; diarios conservadores como *ABC*; domicilios de diversas personalidades —el político conservador Antonio Cánovas del Castillo; el presidente de la II República Manuel Azaña; el médico Gregorio Marañón y el dirigente y fundador de Falange Española José Antonio Primo de Rivera—, además de las sedes de las principales firmas de comercios de lujo tienen o tuvieron sus domicilios o asientos en la calle de Serrano.

Por su axialidad y situación, esta vía ha cumplido el papel de articular la trama ortogonal del barrio de Salamanca, exponente urbanístico de la idea burguesa de la ciudad, sobre una parrilla de calles trazadas según ejes verticales y horizontales, en el interior de cuyas manzanas se abren patios ajardinados hacia donde se orienta la intimidad de sus inquilinos.

Al mismo patio, el que se encuentra dentro de la manzana comprendida entre las calles de Serrano, Claudio Coello, Villanueva y Jorge Juan, daban las viviendas de dos personalidades señeras de la literatura española, que allí residieron en la segunda mitad del siglo XIX: Gustavo Adolfo Bécquer, quien por primera vez en la historia popularizó y puso al servicio de los jóvenes la poesía lírica, y Emilia Pardo Bazán, la escritora naturalista más atrevida de su época, que protagonizó una muy comentada separación de su esposo, así como un romance, al parecer tórrido, con el novelista Benito Pérez Galdós.

Con estas credenciales resulta sorprendente descubrir que Emilia Pardo Bazán —«ropa vieja en el desván», le motejó en su tiempo la beatería madrileña— se encuentre sepultada en una cripta situada en los sótanos de la iglesia de Nuestra Señora de la Concepción, en el cruce de las calles de Goya y Núñez de Balboa, bajo la inscripción «VOT», que revela su pertenencia a la Venerable Orden Tercera franciscana. ¿Fue voluntad suya hacerse enterrar bajo tal sigla o fue una imposición de la aristocrática y conservadora familia a la que pertenecía?

En la zona de arranque de la calle de Serrano, en las inmediaciones de la calle de Alcalá y justo enfrente del Museo Arqueológico, que ocupa el mismo edificio que la Biblioteca Nacional, fue descubierto, hace algunos años, un tramo de la cerca de Felipe IV que, construida de piedra, mampuesto y pedernal, rodeó la ciudad desde el comienzo del siglo XVII hasta su demolición, bien mediado ya el siglo XIX. La muralla, de unos tres metros de altura, llegaba hasta la hoy plaza de Colón y cercaba la ciudad por el norte hasta la glorieta de Bilbao y San Bernardo. Sus fines eran fiscales y sanitarios. Los primeros, para gravar toda mercancía que se intentara introducir en la villa. Los sanitarios cumplieron el papel de control frente a las epidemias, señaladamente las pestes, que azotaron Madrid durante tres largos siglos de manera recurrente y cuyos sufrientes viajeros quedarían desplazados a lazaretos periféricos, uno de los más conocidos, situado en la localidad sureña de Getafe.

Igualmente, en la misma excavación abierta en la calle de

Serrano a propósito de la construcción de un estacionamiento de automóviles para residentes del barrio de Salamanca, fue encontrada una enorme conducción hidráulica, de excelente fábrica. Ambos hallazgos, cuya conservación e integración, como pequeño museo, fue prometida por el Gobierno regional, han desaparecido tras las obras acometidas por el Ayuntamiento.

El centro del centro

Pocas personas saben que en el cruce de las calles de Serrano y Goya sitúan los topógrafos el centro geográfico de España, por razones extracientíficas, más precisamente eclesiásticas, fue desplazado al cerro de los Ángeles, una loma que se alza sobre la declinante llanada que singulariza la zona sureña de la ciudad. La loma fue consagrada al Sagrado Corazón de Jesús en una época en la cual las zozobras de la política nacional, la crisis posterior a 1898, llevaron a las cabezas pensantes del Estado a fortificar los debilitados vínculos nacionales recurriendo a ideas-fuerza creenciales, como las que la religión parecía brindarles.

Tal vez esta misma centralidad del cruce de las dos calles llevó a las autoridades municipales a erigir en sus inmediaciones, sobre la contigua plaza, el monumento dedicado a los navegantes que, con Cristóbal Colón, acometieron la empresa de surcar las aguas del mar Tenebroso y encontrarse con el continente americano. Así lo reza el enorme grupo escultórico erigido en un extremo de la plaza por Joaquín Vaquero Turcios a finales de los años sesenta del siglo XX, apenas a un suspiro de la boca del metro de Serrano.

El general apodado «bonito» tuvo su domicilio en un palacete que estaba enclavado en el cruce de la calle de su nombre con la de Villanueva, dedicada al arquitecto del edificio del Museo del Prado, que en un principio iba a ser destinado a gabinete de Ciencias Naturales. La suntuosa vivienda del general poseía un teatro de medianas proporciones, donde debutó una pareja de aristócratas que cobraría celebridad en las tablas, formada por Fernando Díaz de Mendoza y María Guerrero. El actor-aristócrata fue el padre del actor Fernando Fernán Gómez, hijo asimismo de Carola Fernán Gómez.

Justo en el edificio contiguo de aquel palacio, que mira ya hacia Serrano, tuvo su sede el consulado de Chile, desde donde Pablo Neruda, el matérico poeta chileno que sería laureado con el Premio Nobel en 1971, desplegaría su actuación diplomática en la capital de España —caracterizada por su apoyo incondicional al bando republicano—, si bien su labor poética y literaria tendría su foco de irradiación en la Casa de las Flores, situada en el barrio de Argüelles, entre las calles de Meléndez Valdés e Hilarión Eslava.

Muy cerca del que fuera consulado chileno, en un edificio de la misma calle de Serrano que hace esquina con la de Columela, filósofo de origen español que brilló en la Antigua Roma, ha estado hasta hace unos años la embajada de Ucrania. Sin embargo, durante la Guerra Civil española (1936-1939) albergó la principal sede del Partido Comunista de España. La elección de este sitio obedecía a que, como se trataba del barrio madrileño alto-burgués por excelencia, donde residía buena parte de las familias de la oficialidad afecta a los golpistas, la artillería y la aviación de Franco, de Hitler y Mussolini no bombardeaban la zona, por lo cual resultaba más segura a la hora de establecer allí las sedes políticas y militares.

En el área contigua a la hoy Puerta de Alcalá, entre las calles del hispanorromano Columela y la del Conde de Aranda, prócer ilustrado, estuvo instalada una plaza de toros que permaneció en uso hasta que un nuevo coso taurino fue edificado en el espacio que hoy ocupa el Palacio de los Deportes, en la avenida de Felipe II. Allí se encuentra la única plaza en el mundo ideada por el artista gironés Salvador Dalí, cedida al alcalde Enrique Tierno Galván, y que estuvo a punto de desaparecer en una de esas actuaciones municipales que algunos ediles adjetivan de «urbanismo». La fuerte oposición de una asociación vecinal truncó aquel tremendo desaguisado.

Según han contado algunos vecinos de la zona contigua a la Puerta de Alcalá, durante las relativamente recientes obras para la construcción del citado estacionamiento subterráneo para residentes del área de Serrano, se encontraron vestigios de burladeros y toriles de la antigua plaza, que dejó de funcionar como tal cuando comenzó la construcción del barrio por impulso del marqués de Salamanca, mediado el siglo XIX.

Metro Línea 6

Severo Ochoa, un sabio en el desierto

Uno de los principales hospitales de Madrid se encuentra en Leganés, municipio que, con otra media docena de pueblos periféricos, quedó integrado en la ciudad a comienzos de la década de 1950. Ello obedeció a que las autoridades municipales, por razones de alta política decidieron —o fueron obligadas a decidir— que Madrid superara en población a Barcelona.

Inteligencia singular

El caso es que con los años se erigió en el antiguo municipio un enorme hospital, que lleva el nombre del científico e investigador español, nacido en Luarca, Severo Ochoa. Alto, bien parecido, con voz potente y una inteligencia vivaz, Ochoa fue una de las referencias mundiales de los hombres de ciencia por su alto grado de compromiso en la búsqueda de soluciones a problemas humanos y por la humanidad con la que impregnó sus actos. Fue alumno de un gran fisiólogo, el canario Juan Negrín, más conocido en su dimensión política como presidente del Consejo de Ministros del Gobierno de la II República que como catedrático de Fisiología en la

Facultad de Medicina de la Universidad de Madrid. La personalidad de Severo Ochoa, republicano, mas algo ingenuo en sus planteamientos políticos al decir de algunos de sus allegados, cobró dimensión universal por sus dotes como investigador bioquímico y como biólogo molecular, así como por su inagotable tesón y su deslumbrante capacidad conceptualizadora.

Su vida científica se desarrolló sustancialmente en laboratorios estadounidenses, a los que fue a parar tras exiliarse de España al finalizar la Guerra Civil. En uno de aquellos destinos, enclavado en los sótanos de la Universidad de Nueva York, donde se había instalado en 1940, fue donde aisló uno de los elementos cardinales de las cadenas cromosómicas, que resultaría decisivo para el estudio y descifrado ulterior del genoma humano. Su hallazgo de alguna de las principales claves del código genético, según confesó al autor de este libro, le llevó a salir alborozado al pasillo y gritar el célebre «¡Eureka!». Si bien, por tratarse de un descubrimiento nocturno, nadie más pudo allí concelebrarlo. «¡Eran las tres de la madrugada!», me comentó con una sonrisa. Su grito se perdió en la noche neoyorquina. Sin embargo, su hallazgo le granjearía el Premio Nobel de Medicina y Fisiología en 1959. Tres años antes había obtenido la nacionalidad estadounidense.

Cuando, en los albores de la década de 1960, algunos altos funcionarios de la Administración española lograron convencer al general Franco y a su entorno de la inutilidad de mantener en el exilio a personalidades de la estatura científica de Ochoa, unos pocos investigadores retornaron intermitentemente a España. El afamado Premio Nobel de Medicina español regresó a nuestro país para asentarse de manera permanente en 1985. Se instaló en una casa de la calle de Miguel Ángel, en el barrio de Chamberí, mientras laboraba en un Centro de Microbiología dependiente del Consejo Superior de Investigaciones Científicas. Junto con su esposa, Carmen Cobián, vivió un grato final de su larga vida al alcanzar el reconocimiento de su valía en su patria tras dos décadas de exilio. Cuando a finales de la década de 1980 Ochoa enviudó, se abatió sobre él un sentimiento de duelo muy profundo, ya que el matrimonio con su esposa había sido determinante en su vida. Fue entonces, durante una entrevista con el autor de este libro, cuando reconoció que «el amor es una cuestión de física y química», titular que el cantautor Joaquín Sabina, según reconoció el artista jienense, eligió para nombrar uno de sus más exitosos álbumes discográficos.

En aquella misma entrevista, al ser preguntado sobre cuál de los dos principios prevalece, el que organiza la materia y crea la vida o el que la desorganiza, la muerte, el profesor Ochoa miró al entrevistador con cierta benevolencia y le respondió: «Amigo mío, no tema: la estirpe humana es inmortal;

el individuo perece, pero el linaje humano sobrevivirá siempre». El investigador murió en 1993 y fue enterrado en su villa natal de Luarca.

Un escándalo para olvidar

La estación de metro que lleva el nombre del científico Severo Ochoa da paso al gran hospital que fue escenario, en el año 2007, de una agria polémica en torno a la supuesta irregularidad de sedaciones en enfermos terminales, que se convirtió en un debate sobre si resultaba legítimo o no paliar la agonía de los enfermos y enfermas desahuciados, con su aquiescencia y la de sus familiares.

La polémica, que fue estereotipada como debate sobre la eutanasia, llevó a imputar judicialmente al doctor Luis Montes y a treinta y nueve médicos más del servicio de urgencias del hospital, tras los cuales se alinearon todas las fuerzas progresistas de Madrid. Frente a ellos, sus adversarios, anónimos, no lograron condena judicial alguna contra los sanitarios y el caso fue archivado en 2009. No obstante, la carrera del médico quedó truncada. Muchos interpretaron entonces que aquella agria disputa, envuelta en un aparente y para algunos falso debate moral, escondía un primer intento por privatizar la sanidad madrileña en el hospital emblema de referencia de la sanidad pública de la capital, el Severo Ochoa, intento que desde entonces la derecha gobernante en Madrid acaricia y pugna por conseguir realizar.

Metro Línea 4

Velázquez, la serenidad del talento

¡Qué cuadro el de Velázquez esquina Goya! fue el título de una obra de teatro que alcanzó gran nombradía en Madrid y que jugaba con el cruce que sobre la cuadrilla ortogonal del barrio de Salamanca forman las calles que llevan los nombres de los dos principales pintores de la historia de España. Allí tiene sus bocas sendas estaciones del ferrocarril suburbano.

Del sevillano, de madre portuguesa, Diego de Silva Velázquez se ha dicho casi todo, pero resultaría imposible enunciar siquiera todas las sugerencias que la sinceridad de su prístina mirada, plasmada por sus pinceles, permite evocar. La vida del pintor andaluz estuvo muy unida a Madrid, adonde llegó en su temprana juventud desde el taller sevillano de quien sería su suegro, el pintor y tratadista de la pintura Francisco Pacheco. Tras un viaje infructuoso, Velázquez logró acreditarse ante la corte de Felipe IV, que quedó fascinado por la serena belleza de sus retratos. Con el tiempo, ganaría espacio cerca del monarca, que le autorizó un primer viaje a Italia,

aunque le controló muy estrechamente, instándole al regreso de manera reiterada. Allí no sólo se enamoró de Roma, sino también de una dama con la que tendría un hijo natural.

¿Pintores y espías?

Los últimos estudios sobre el autor del lienzo conocido por el nombre de *Las meninhas*, palabra cuyo origen portugués normalmente olvidamos, indican que las misiones desarrolladas por él en Italia no tuvieron únicamente por finalidad la adquisición de obras de arte para la Casa Real española, sino que, además, adquirieron una dimensión propia de los agentes confidenciales, pues tuvo que observar y persuadir a aquellas personas por las cuales el monarca español mostraba interés, naturalmente, político, militar o diplomático. ¿Fue Velázquez un espía de Felipe IV? La respuesta es libre, claro, pero algunos nos inclinamos a ver pocas diferencias entre lo que hace un agente confidencial al uso en misiones en el extranjero —como lo hicieron los pintores franceses en aquella época en la Roma papal— y lo que Velázquez hizo durante dos intensos viajes a Italia, mientras recorría palacios, afianzaba lealtades mediante excelsos regalos y retrataba próceres como el propio papa Inocencio X o príncipes de la Iglesia, más otros de la entonces llamada «sangre azul».

Tal vez fue introducido en aquellos menesteres no propiamente pictóricos después de producirse la presencia en Madrid del pintor, diplomático y agente confidencial flamenco Pedro Pablo Rubens, con quien trenzaría Velázquez una de las amistades más jugosamente rentables para el arte universal de cuantas se conocen: ambos pintores intercambiaron fértilmente sus conocimientos, enriqueciéndose de manera mutua. Juntos visitaron el monasterio de San Lorenzo de El Escorial, tumba, palacio y templo de los monarcas de la Casa de Habsburgo o de Austria, que reinaron en España durante los dos siglos, XVI y XVII, coincidentes con el apogeo imperial hispano.

La cercanía de Velázquez a la corte de Madrid cristalizó en la asignación real al pintor sevillano de la condición de aposentador regio, aunque, en realidad, más bien fue el asesor estético de los principales fastos de la Corona de España, al elegir los ajuares artísticos, nutrir la pinacoteca real y su gabinete de estatuaria, amén de decorar y ornamentar las grandes ceremonias. Con elegancia, cuentan los cronistas, asumió pues la muy noble tarea de aposentar al rey Felipe IV durante sus viajes, como el que giró a la isla fronteriza de los Faisanes, en Irún-Fuenterrabía, para casar a una hija suya, María Teresa, con el rey de Francia. Éste sería el postrero de los viajes cubiertos y aposentados para el rey por Diego Velázquez, que al poco de regresar a Madrid murió en la Casa del Tesoro, un ala del viejo alcázar de los Austrias, cuyos vestigios se perdieron durante las obras de construcción de un estacionamiento subterráneo en la plaza de Oriente.

No obstante, un primer domicilio madrileño del pintor se encontraba detrás del palacio de Santa Cruz, donde una placa metálica color crema todavía lo recuerda. En las tardes de primavera, aún cabe percibir la atmósfera madrileña que tan fielmente expresara Velázquez en sus cuadros, donde el Guadarrama, envuelto en brumas azules, con las crestas de sus picos bañadas por la nieve, refulge siempre como trasfondo de sus mejores retratos ecuestres.

Los restos perdidos

A propósito del enterramiento de Velázquez en Madrid, persiste la convicción de que fue sepultado en la iglesia de Santiago, amortajado con el hábito de esta orden militar por el cual pugnó con ahínco, tal como los cronistas de la época aseguran, pero su rastro se perdió tras la demolición del templo primitivo bajo el reinado de José I, monarca impuesto por su hermano Bonaparte, en el arranque del siglo XIX.

Todo lo que hubiera podido ser recobrado de aquella demolición se ha perdido definitivamente tras las obras de otro estacionamiento subterráneo en la plaza de Santiago, las ruinas de cuyos cimientos cabe ver bajo una cristalera allí colocada. Hay que destacar que de esta iglesia parte supuestamente el llamado Camino de Santiago madrileño y que Diego Velázquez dedicó media vida a hacer lo posible para poder lucir con propiedad el hábito blanco, con su característica y puntiaguda cruz roja, de los miembros de la Orden de Santiago, a los cuales se exigía un estatuto de nobleza de sangre que el excelso pintor nunca pudo acreditar.

No obstante, en agradecimiento a sus servicios, Felipe IV, Gran Maestre de la orden jacobea, se saltó los estatutos y ennobleció a su pintor de cámara. Hoy la estatua sedente de Diego Velázquez que realizó a fines del siglo XIX el gran escultor Aniceto Marinas recuerda al visitante que cruza la puerta a poniente del Museo del Prado la serena presencia del maestro sevillano, que, no obstante, no fue loado por los historiadores del arte hispano hasta muy tardíamente, arrobados como estaban por Bartolomé Esteban Murillo, a quien se identifica como el principal faro de los retratistas ingleses del siglo XVIII.

Hay quien apunta que los restos mortales del considerado como mejor pintor de todos los tiempos pueden hallarse sepultados en el convento de San Plácido, en la calle de San Roque en su esquina con la del Pez, en cuya sacristía permaneció durante décadas expuesto el lienzo del Cristo de Velázquez, la mejor de sus obras religiosas; mansedumbre, serenidad, dignidad son algunas de las características que orlan al Jesús crucificado que representa en su tela.

Un convento embrujado

Por cierto, el mismo convento de San Plácido fue escenario de un terrible episodio de supuesto embrujamiento de toda una improvisada comunidad de monjas de clausura. Todas ellas se manifestaron abducidas por Satanás en un trance donde la alta política, las pasiones regias, el valimiento, la conjura y la lujuria danzaron el mismo baile durante unos angustiosos años alrededor del malhadado convento.

El monasterio fue creado en 1641 según la traza de fray Lorenzo de San Nicolás, inventor de la bóveda encamonada. Mentor suyo sería Jerónimo de Villanueva, quien fue mano derecha del poderosísimo valido de Felipe IV, Gaspar de Guzmán y Pimentel, conde duque de Olivares. Para sellar su

amor platónico con Teresa Valle de la Cerda, una aristócrata, Villanueva decidió impulsar la creación del cenobio, en medio de los numerosos fervorines místicos que sacudieron aquel beato siglo XVII madrileño, que pronto se convirtió en refugio de damas de la nobleza, algunas muy bellas. Ello atrajo hacia los muros del monasterio a personajes lujuriosos como el mismo Rey, que quiso allí yacer con una indefensa monjita. Cuenta la leyenda que, para defenderse de aquella acometida, las monjas se inventaron la muerte de la damita, cuyo velatorio improvisaron para que el Rey huyera al contemplarla difunta. La treta dio resultado, pero un nuevo trance se abatiría sobre la atribulada comunidad.

Los últimos estudios se orientan a interpretar el caso de embrujamiento del convento de San Plácido antes citado en los términos siguientes: comoquiera que el confesor de las monjas fuera, según todos los indicios, el propio acosador sexual de muchas de ellas, obligadas luego a comparecer ante él para ser absueltas en confesión de lo que no ellas, sino él, había inducido, el conflicto moral sin salida que aquel trance planteaba a las religiosas estalló por donde pudo.

En su impotencia, las monjas, desesperadas, optaron por escenificar un simulacro de posesión diabólica colectiva; es decir, decidieron fingir haber sido embrujadas por Lucifer, a pesar de que la brujería podía castigarse con la pena de muerte —aunque puede que realmente se adentraran en una situación más grave todavía y creyeran de verdad que habían sido poseídas por el Maligno—; y ello lo adoptaron presumiblemente para huir del infierno creado en torno suyo por las garras de un supuesto Satanás con sotana, el varón confesor del convento que a las indefensas monjas acechaba.

Los testimonios recabados por los escribientes del Santo Oficio resultan estremecedores: las hermanas reconocieron sus nombres diabólicos, fueron víctimas de espasmos, se las vio en trance, dieron saltos y mostraron otras actitudes con las que corroboraron que el demonio las había poseído. Muchas de ellas serían encarceladas durante varios años a las mazmorras secretas que la Inquisición tenía en el subsuelo de Toledo, si bien un lustro después se averiguó parte de la verdad y volvieron a su vida monástica en otros recintos conventuales. El confesor pasó el resto de sus días en prisión eclesiástica. El cenobio de San Plácido, cuyo zaguán aún se puede visitar mientras su recinto permanece hoy bajo clausura, quedó eclipsado tras sus celosías como epicentro de aquel turbión de pasiones y desdichas, tan alejado de su beatífico nombre.

Línea 2 4

Goya, haz de pasiones hispanas

La estación de metro de Goya es una de las más frecuentadas de Madrid por hallarse enclavada en uno de los pulmones comerciales de la ciudad. Reproducciones fotográficas de algunos de los mejores grabados del artista aragonés decoran sus muros. En las inmediaciones de sus tres bocas, y equidistante de ellas, entre las calles de Alcalá, Narváez y Felipe II, se encuentra el edificio donde tuvo uno de sus domicilios madrileños el poeta Federico García Lorca después de haber estado pensionado en la elitista hijuela de la Institución Libre de Enseñanza, la nombrada Residencia de Estudiantes de la calle de Pinar, cerca de los llamados Altos del Hipódromo,

frente al barrio de El Viso, uno de los más postineros de Madrid.

La calle de Goya compone el eje transversal del barrio de Salamanca, siendo las de Serrano, Velázquez y Príncipe de Vergara los ejes longitudinales de la parrilla que forman. Su animado trayecto surge salpicado de tiendas, señaladamente de ropa. La iglesia de la Concepción, con su flecha y su porte semejante a la tarta de nata de una boda, se encuentra ubicada en la confluencia con la calle dedicada a Vasco Núñez de Balboa, quien descubrió —tomó posesión para España— el Océano Pacífico, muy descubierto ya por todos los indígenas ribereños de aquel mar. El conquistador tiene asimismo una estación de metro en su honor dedicada con su nombre.

Una enorme cabeza en bronce oscuro de Francisco de Goya, obra de Santiago de Santiago, mojona la bifurcación de las calles de Goya y Alcalá. Es curioso, pero, como el lector y la lectora sabrán, el cadáver del pintor aragonés, tras permanecer sepultado en el cementerio de Burdeos desde 1828 hasta 1903, llegó repatriado a España sin cabeza. Se cree que sus restos fueron objeto de un expolio por parte de estudiantes de Medicina de la facultad bordelesa, donde le seccionaron la testa. Después de transitar por varios gabinetes científicos, el cráneo de Francisco de Goya fue a dar a una buhardilla universitaria vallisoletana, donde un escritor gallego, estudiante también de la ciencia de Hipócrates, se jactaría de la importancia de su propietario.

Goya tiene en Madrid dos monumentos funerarios: el más conocido, que alberga sus restos mortales, se encuentra en la iglesia de San Antonio de la Florida, donde pintara los frescos que confieren al templo la consideración de ser la Capilla Sixtina de la pintura moderna; el otro, menos conocido, es un hito memorial, de gran esbeltez, que comparte con otros tres ilustrados coetáneos suyos, Donoso Cortés, Juan Meléndez Valdés y Nicolás Fernández Moratín, estos dos últimos tildados de afrancesados como el propio Goya. Está situado en la zona suroeste del cementerio sacramental de San Isidro y no contiene los restos de Goya, ni los de los compañeros efigiados junto con él en sendos medallones, por lo que constituye lo que en arquitectura funeraria se denomina cenotafio.

Dos Goya con mucha historia

Hay otras historias sobre dos obras de Goya muy vinculadas a Madrid que se conocen mucho menos que la de su cabeza perdida. Las obras son *Los fusilamientos del 3 de mayo* y *La carga de los mamelucos*. De la primera cabe decir que, gracias a las informaciones brindadas por las narraciones de Benito Pérez Galdós sobre el alzamiento contra Napoleón de la población madrileña el 2 de mayo de 1808, así como a los vestigios existentes en la pequeña capilla del cementerio de la Florida, se ha podido averiguar la identidad del personaje central representado en el lienzo: el que abre los brazos en cruz al recibir los impactos. Se trataba de un carbonero montañés, de apellido Rucabado, que con otros veintiocho patriotas está sepultado en el camposanto madrileño.

Asimismo, el lector debe saber que estos lienzos son dos obras maestras de la pintura, ambas de trasunto bélico, sí, pero con un alto significado de denuncia contra la guerra, y, sin embargo, una y otra sufrieron en sus propias telas la horrible mueca de las conflagraciones armadas.

Una mañana primaveral de 2008, mientras el autor de este

libro visitaba el Museo del Prado, cruzó la enorme puerta abierta a la sazón que daba paso al entonces allí situado Gabinete de Restauración. Al adentrarse en aquel recinto y contemplar lo que sus ojos veían, la estupefacción se apoderó de su ánimo: ambos lienzos mostraban sendos desgarramientos; en uno la rasgadura cruzaba de lado a lado la base de la superficie pintada, de casi tres metros de longitud, y en el otro, un rayón enorme surcaba la tela en sentido vertical. Varias restauradoras faenaban allí con ambos cuadros y se quedaron sorprendidas al comprobar la presencia de un intruso en el Gabinete. La vista revelaba un hecho de una gravedad extraordinaria: las dos obras pictóricas más renombradas de Francisco de Goya, *Los fusilamientos del 3 de mayo* y *La carga de los mamelucos*, tal vez asimismo dos de las obras más significativas de toda la pintura universal, se encontraban allí enormemente dañadas, con sus telas atrozmente rasgadas, por causas entonces desconocidas para el gran público.

El Gabinete de Restauración del Prado se llenó de autoridades del museo al saberse que el intruso era periodista de un medio de difusión estatal. Tras unos minutos de desconcierto, los responsables del museo que acudieron explicaron lo que allí acontecía: ante la inminente conmemoración del bicentenario de la Guerra de la Independencia, dijeron, El Prado había decidido restaurar ambos lienzos, que, en un episodio muy poco conocido, acaecido durante la Guerra Civil, habían resultado alcanzados por los escombros de una casa de la localidad castellonense de Vinaroz. La casa fue bombardeada al paso del camión que trasladaba las dos obras de Valencia a Barcelona, primero, y a la gerundense Figueras, después, huyendo de la consecutiva caída de los frentes republicanos durante la contienda armada.

Los cuadros, junto con otros de los principales tesoros del Museo del Prado, incluidos los pintados por Velázquez, se habían empezado a trasladar a Valencia por orden de Josep Renau, director general de Bellas Artes, a partir de noviembre de 1936, cuando un ataque de escuadrillas de la Legión Cóndor, enviada por Hitler en apoyo de Franco, había soltado bombas incendiarias sobre el paseo del Prado, algunas de las cuales cayeron sobre las techumbres de la excelsa pinacoteca y también encima de la Biblioteca Nacional, en el cercano paseo de Recoletos. Ante el riesgo de que las bombas alemanas e italianas, con la bendición o la impotencia de Franco, acabaran con el impar patrimonio de la humanidad que El Prado cobija, las autoridades republicanas decidieron poner a salvo las riquezas pictóricas del arte universal y trasladarlas a la ciudad del Turia, sede entonces del Gobierno de la Segunda República.

Con el avance de las tropas de Franco al finalizar la contienda, los mandos republicanos creyeron que era mejor llevar al extranjero las obras de arte, si bien optaron previamente por someter a una restauración acelerada los dos grandes lienzos de Goya, dañados en Vinaroz. Aquella acción restauradora de urgencia se mantuvo intacta durante 70 años, y una vez llegada la víspera del bicentenario de la guerra de 1808, tras una conferencia reservada que reunió en Madrid a especialistas de Goya procedentes de Europa y América, la dirección del Museo del Prado optó por restaurarlas, es decir, rehacer aquella restauración provisional y trocarla por otra definitiva, en medio de un gran sigilo, desvelado fortuitamente por aquella irrupción del periodista en el Gabinete de Restauración.

Lo curioso es que siendo ambos lienzos alegatos auténticos contra la guerra, las autoridades del Museo del Prado no decidieran mantener una parte de aquellos daños sufridos, como testimonio integrante de la propia historicidad y de la significatividad de los dos cuadros del gran maestro aragonés. Así, el filo de un alfanje blandido por un mameluco situado en la zona superior izquierda del cuadro, y que hasta entonces faltaba, fue repuesto encima, si bien su trazo original se perdió durante el bombardeo de Vinaroz.

La pregunta que cabría hacerse es la de cuántas obras de arte no esconderán acciones semejantes, dado el secretismo que envolvía aquella actuación del más importante museo de pintura del mundo, cuya fachada norte está presidida, precisamente, por una excelente estatua del más universal de los aragoneses, obra del escultor Mariano Benlliure.

Metro Línea 7

Antonio Machado, un soñador en La Moncloa

El universal poeta sevillano tiene dedicada, en el noroeste de Madrid, una estación del ferrocarril metropolitano. Precisamente en Madrid vivió la última parte de su vida, que había comenzado en un palacio andaluz irradiado por un sol cercano, que deja allí su fresca huella amarilla en los limones y que ceba con su luminosidad, para vivificarlos, los naranjos que perfuman las calles de Sevilla desde diciembre hasta bien entrada la primavera.

El hecho de haber nacido en el hogar de uno de los pioneros del folclore andaluz dio a Antonio Machado un sentido propio de la musicalidad, el mismo con el que impregnaría buena parte de sus primeras composiciones poéticas, hechas mano a mano con su hermano mayor, Manuel, muy influido por el modernismo y principal exponente español de esta corriente literaria que instaura en Madrid el nicaragüense Rubén Darío.

Sin embargo, Antonio, bien que aprendió a versificar en esa clave, desarrollaría sus poemas en una vía cada vez más austera, desprovista de todo ornato y aderezo. Lo hizo en sintonía con el rumbo de su propia vida, sesgada por avatares adversos: desde la prematura viudedad, hasta la huida al exilio, tras su comprometido alineamiento con la causa republicana antes, durante y después de la Guerra Civil, a la que sobrevivió apenas unos meses, para ir a morir, junto con su madre, a la localidad fronteriza francesa de Colliure, donde su cuerpo fue sepultado.

Jardines para el cortejo

Empero, en Madrid halló Antonio Machado un grato espacio donde pudo asentar sus sueños y donde pasó algunas de las jornadas más felices de su atribulada vida: aquel paraje soñado —y vivido también— se hallaba enclavado en los jardines del palacio de La Moncloa, situado en una posesión que en el siglo XVII había pertenecido al marqués del Carpio, quizás el coleccionista de pintura más importante de la historia de España. Carpio, con el marqués de Leganés y Ambrosio Spínola, formó la triada que, con su buen gusto estético y la soltura de sus respectivas bolsas en su condición de mecenas y compradores de arte, elevó la demanda de calidad pictórica de las colecciones reales, a las cuales proveyeron, como avezados peritos, de criterio para las costosas adquisiciones de la Corona.

Tras numerosas permutas de propietarios, que, a su vez, llevaban aparejados cambios en el diseño del palacio y en la traza de sus jardines, el palacio de La Moncloa, al advenimiento de la Segunda República, que nacionalizó muchas posesiones anteriormente reales, se convirtió en uno de los parques de mayor intimidad de cuantos ornaban entonces Madrid. Por ello, Antonio Machado lo elegiría para cortejar a su amada Guiomar, dama casada que flirteó platónicamente con él y que llegaría a ufanarse de haber tenido tendido a sus pies a uno de los poetas en lengua castellana más grandes de cuantos dio España al mundo.

Las frondas, rosaledas y fontines de La Moncloa procurarían a los dos amantes solaz y amistoso abrigo cuando, a media tarde de aquellos otoños y de aquellas primaveras madrileñas encendidas por las penumbras, las brisas y los luminosos ocasos, tomaban el tranvía que, desde Cuatro Caminos, descendía hacia la entonces naciente Ciudad Universitaria; se adentraba luego en sus ensenadas praderas para allí pasear y escuchar los poemas surgidos de un corazón dolorido como el de Machado, quien ya había perdido a su esposa, Leonor Izquierdo, en la flor de la vida, siendo él profesor de francés en la ciudad de Soria.

El monasterio de El Paular

Entre el rumor de las fuentes y el trino de los jilgueros, Antonio y Guiomar disfrutaron durante muchas tardes de esa atmósfera azulada que con su aire límpido acaricia Madrid desde poniente norte, y que, al cruzar por encima de las crestas nevadas del Guadarrama, impregna los penachos blancos que coronan sus cumbres para incitarlos a azulear. Allí arriba, en un valle engastado entre rocas y pinares a los pies de Peñalara, que apenas se ve porque yace dormido entre dos sierras, otro vate, menos conocido que Antonio pero tan sincero en sus sentimientos como él, alumbró sus mejores versos henchidos de esa reciedumbre seria, enjuta y mineral que singulariza a la Castilla eterna de los poetas. Enrique de Mesa, coetáneo de Antonio Machado, quiso ser sepultado en un claustro del monasterio de El Paular, cartuja de anchos pre-

dios surcados por el Lozoya, el río con aguas tan cristalinas que sólo en ellas, en sus enriscados comienzos, encuentra acomodo el desmán, un pequeño roedor que únicamente puede vivir en las aguas más puras.

Si el lector o la lectora decidieran subir hasta El Paular, pueden hacerlo bien por la carretera de Navacerrada hasta Cotos, para bajar luego en dirección a Rascafría y parar en el monasterio, o bien por la carretera de Burgos hasta Lozoyuela, y de allí girar hasta Lozoya y Pinilla del Valle hasta acceder al convento cartujo. El monasterio cuenta con uno de los retablos más bellos de cuantos existen en España, ya que es todo él de alabastro policromado, con una finura de detalles que destella desde los rostros de sus figuras sacras hasta la filigrana de las cresterías que tachonan cada escena de las representadas allí.

En uno de los cuarteles del prodigioso retablo, que los expertos asignan al estilo gótico tardío de fines del siglo xv, se encuentra una escena de la dormición de la Virgen María, cuya composición fue imitada y reproducida por el pintor

Eduardo Rosales para representar *El testamento de Isabel la Católica*, uno de los lienzos de trasunto historicista más conocidos de este artista romántico, becado, como casi todos los grandes pintores españoles, en la Academia de Roma. Este lugar se halla encaramado sobre la colina romana llamada Porciúncula. En su interior se levanta el famoso canon de Bramante, un templo de reducidas dimensiones que contiene, a escala, todos los elementos modulares de la mejor arquitectura renacentista, de la cual es su principal exponente.

Metro Línea 4

Alfonso XIII, el monarca compadre de los militares

No fue hasta 1973 que este monarca, nacido en Madrid en 1886 y fallecido en el exilio romano en 1941, tuvo una estación de metro con su nombre, pese a haber sido promotor pionero del ferrocarril metropolitano, por él inaugurado en 1917. Su estación está en el barrio de Chamartín —denominación que, presumiblemente, es un galicismo aplicado a San Martín—, que se encuentra situado en la zona más alta —y más rica— del norte de Madrid, cuya cota cumbre corresponde a la loma sobre la que se halla la plaza de Castilla. La imagen que la historia ha tallado sobre este rey tan vinculado al metro dibuja una semblanza sesgada por episodios desgraciados, como el atentado, dirigido contra él, que hubo

de sufrir el mismo día de su boda, el 31 de mayo de 1906, con Victoria Eugenia de Battenberg, nieta de la reina Victoria I de Inglaterra.

El suceso ocurrió en la calle Mayor de Madrid, cerca de su esquina con la de Bailén, y causó tres decenas de muertes tras la deflagración de un explosivo lanzado desde un cuarto piso

de un edificio de esa calle por un anarquista llamado Mateo Morral. Un hito de piedra recuerda allí el luctuoso hecho, acaecido junto al palacio del duque de Uceda, quien fuera hijo del duque de Lerma, valido muy presumiblemente corrupto y especulador del indolente Felipe III de la Casa de Austria, en el arranque del siglo XVII.

También se recuerda a Alfonso XIII como el rey que abandona Madrid tras la victoria de las candidaturas republicanas en las elecciones de 1931. Pero muy pocos asocian la figura regia con una serie de proyectos urbanísticos de gran calado, como la propia red del ferrocarril metropolitano, que Alfonso XIII impulsó y de cuya sociedad promotora sería propietario e importante partícipe, heredando la condición de rey-burgués-promotor-inmobiliario de la que ya hiciera gala su abuela Isabel II, que troceó y vendió en lotes el entonces llamado Barrio Griego, el que se encuentra entre la Puerta de Alcalá y la iglesia de los Jerónimos y el Jardín Botánico, con gran disgusto de los partidos Demócrata y Progresista.

La Ciudad Universitaria

Otro de los proyectos que se atribuye a Alfonso XIII, si bien su ejecución y seguimiento fueron acometidos por próceres de ideales republicanos, es el de la Ciudad Universitaria de Madrid, para cuya concepción el Rey autorizó el envío de una comisión de sabios a Estados Unidos. Allí los comisionados recorrieron numerosos campus universitarios y copiaron, para aplicar en Madrid, una feliz fórmula que relacionaba zonas verdes y zonas edificadas en una ecuación generosamente favorable a las primeras, de tal manera que el entorno así creado presentara unas condiciones muy gratas para el estudio y la reflexión que los universitarios precisan.

Cuando el proyecto se ponía en marcha siguiendo aquellos cánones imitados de los campus norteamericanos, con las facultades de Medicina y Filosofía recién construidas, el estallido de la Guerra Civil en julio de 1936, por inducción del golpe de Estado dado por los generales Francisco Franco y Emilio Mola contra el Gobierno legítimo de la Segunda República, vino a situar el frente de batalla en la Ciudad Universitaria de Madrid. Sus edificios fueron transformados en improvisados fortines de los combatientes republicanos, que desde ellos resistieron durante tres años las acometidas del ejército de Franco, que presionaba desde el río Manzanares y la Casa de Campo, mientras su artillería batía la ciudad de manera incesante. Voluminosos tomos de filosofía, arte y medicina, situados en las ventanas de las facultades, sirvieron de improvisados parapetos a los fusileros. Sus lomos, que quedaron perforados por numerosos impactos, frenaron, gracias a la densidad de sus paginaciones —el blindaje surtía efecto a partir de la página trescientos—, completamente el curso asesino y azaroso de miles de proyectiles.

En este ámbito de la Ciudad Universitaria sobrevino en noviembre de 1936 la muerte del líder anarquista Buenaventura Durruti, apenas unas horas después de haber aceptado que las tropas de la Confederación Nacional del Trabajo y de la Federación Anarquista Ibérica (CNT-FAI), que él dirigía, admitieran a regañadientes grados militares en sus efectivos, propuesta que chirriaba sobremanera con el ideal libertario. Mucha tinta corrió sobre la muerte de Durruti, de la cual se acusó a los comunistas, a sus compañeros anarquistas y a las tropas moras de Franco. Según el testimonio de un superviviente, miembro de la escolta del líder libertario, aquel día Durruti estrenaba una pistola-ametralladora que olvidó amartillar al adentrarse en un automóvil desde el cual recorría el frente de la Ciudad Universitaria. Al inclinarse para entrar al vehículo, el arma le disparó el cargador casi entero de modo que los impactos le perforaron la femoral. Inmediatamente fue trasladado al hospital de sangre para heridos de la confederación anarquista y libertaria, instalado en una suite del Hotel Ritz, donde murió desangrado.

Alfonso XIII no volvería a pisar Madrid desde su partida el 14 de abril de 1931, ya que interpretó la victoria republicana en una clave propia e invocó su deseo de eludir derramamientos de sangre para exiliarse. No obstante, su política estaba muy herida desde que en 1923 diera paso a la dictadura del general Miguel Primo de Rivera, si bien, anteriormente, sus compadreos con los militares africanistas, la endogámica y reaccionaria cúpula castrense fogueada en las guerras de África, ya le habían granjeado la animadversión de los sectores populares. Desde el último tercio del siglo XIX hasta el primero del siglo XX, las capas sociales más pobres se habían visto obligadas a enviar a sus hijos a morir en unas guerras coloniales moral y materialmente desastrosas, que nadie deseaba, salvo el alto mando militar y el propio monarca, urdidas en el continente cercano con el propósito de mitigar los efectos de la pérdida de las colonias americanas.

Si a todo ello se añadían los vientos antimonárquicos que agitaban Europa desde un siglo antes, más los derroches suntuarios de la Corona y los singulares hábitos cinegéticos de Alfonso XIII —incluso el escritor falangista, de familia monárquica, Agustín de Foxá decía de él que cazaba ciervos con ametralladora en el Palacio Real de Riofrío—, la suerte política del Rey estaba echada, como así fue.

Empero, el metro de Madrid y la Ciudad Universitaria fueron dos realizaciones en las cuales, negocios aparte, el hijo póstumo de Alfonso XII, futuro padrino de bodas de Francisco Franco con la asturiana Carmen Polo, tuvo mucho que ver como evidente promotor, accionista e impulsor entusiasta. Por cierto, la pareja formada por el futuro dictador y su esposa vivió algunas temporadas en una casa del paseo de la Castellana, obra del arquitecto Antonio Palacios, situada en la esquina con la calle del Marqués de Villamejor.

Línea 7

Francos Rodríguez, la virtud al poder

El barrio septentrional de Cuatro Caminos es sin duda, junto con el sureño de Vallecas, el más popular de Madrid. Y lo es por la extracción social de su vecindario, histórica y mayoritariamente perteneciente a la clase obrera. Hoy lo habitan numerosas comunidades inmigrantes, principalmente latinoamericanas. La trama urbana, la textura pequeño-comercial de sus establecimientos públicos y el nudo de relaciones interpersonales que trenzan entre sí a sus moradores definen la llaneza de un barrio típicamente madrileño, caracterizado por un caserío prieto y que la red del metro vertebra a lo largo de un eje que lo conecta con la plaza de Castilla a través de media docena de estaciones.

Un pionero de la sanidad pública

Una de las estaciones está dedicada al médico, higienista, periodista, escritor, académico y político José Francos Rodríguez (Madrid, 1862-1931), que fue uno de los mejores alcaldes de la ciudad. Francos fue uno de esos profesionales que un buen día deciden adentrarse en la política y aplican felizmente a lo público los conocimientos obtenidos previa-

mente en el desempeño de su profesión. Así, el médico higienista que llegaría a ser secretario de la Academia Médico-Quirúrgica de Madrid, concejal y alcalde de su ciudad natal, además de gobernador civil de Barcelona y ministro de Gracia y Justicia, fue uno de los principales abanderados en el proyecto de humanizar, mediante una propuesta sanitaria racional y concreta, la vida capitalina, muy deteriorada a comienzos del siglo XX por décadas de suciedad, abandono y pobreza. Experto en enfermedades de transmisión sexual, promovió eficaces planes sanitarios. Especial atención le merecieron siempre las mujeres, a las que dedicó una parte de sus estudios clínicos y psicológicos. Colaborador del entonces prestigioso *El Siglo Médico*, fue autor de ensayos científicos como sus *Cuestiones antropológicas*, *Patogenia de la sífilis* e *Higiene del comerciante*, entre otras publicaciones.

Por otra parte, bajo su mandato municipal como primer edil, Francos Rodríguez, que gobernó en coalición con formaciones republicanas y se mostró receptivo y condescendiente con el entonces naciente socialismo, asistió al arranque de la construcción de la Gran Vía. Por cierto, aquel 4 de abril de 1910, el rey Alfonso XIII, provisto de una piqueta de plata, golpeó de manera simbólica el edificio de la casa parroquial de la iglesia de San José, donde dos siglos antes profesara Lope de Vega, cuya demolición preludiaría las obras de construcción de la nueva gran arteria madrileña.

La expectación popular fue enorme aquella mañana primaveral, precedida por una nevada el día anterior. Pese a ser un día laborable, miles de trabajadores habían acudido al lugar de la inauguración con una pretensión oculta, como narró entonces la prensa de la época: la de ver cómo, tras la aplicación de la piqueta regia al muro parroquial, comenzaba materialmente a llover valiosas monedas de oro y plata, así como tesoros acopiados allí durante décadas por el clero, según habían anunciado días antes los periódicos de tendencia socialista.

Francos Rodríguez destacó asimismo como periodista, remarcablemente como autor de artículos que reunió en sus *Memorias de un gacetillero*; hizo asimismo incursiones en el mundo de los cuentos y los relatos breves, como en *Sanos y enfermos*, y en el del teatro (*Los plebeyos*, *La encubridora* y *El catedrático*) además de ser el autor de zarzuelas como *El señorito* y de obras histórico-biográficas como la dedicada a la *Vida de Canalejas* o *En tiempo de Alfonso XII*. Sus méritos literarios lo llevaron hasta la Real Academia Española, donde ingresó en 1924 con su discurso *El Periódico y su desenvolvimiento en España*.

Siendo ya de avanzada edad, José Francos Rodríguez sufrió una dolencia cerebral que le dejó semiparalizada la zona derecha de su cuerpo. Tuvo la fuerza de voluntad de aprender a escribir con la mano izquierda, en una manifestación del tesón y el ánimo emprendedor que le caracterizaron durante toda su vida, la cual dedicó por igual a la sanidad pública, a la política, a la literatura y al periodismo, en un raro ejemplo de gobernante culto, laborioso y comprometido con la realidad de su época.

Metro Línea 10

Santiago Bernabéu, un prócer rebelde

La estación que lleva el nombre de este personaje, alicantino de Torrevieja, renombrado en vida, se llamó en un principio Lima, por la proximidad de la plaza homónima. Se encuentra frente al principal vestigio de la obra de aquel prócer deportivo, el mismo que situó en un lugar central del mapa universal del deporte al Real Madrid Club de Fútbol: el estadio Santiago Bernabéu.

Hombre recio y emprendedor, con tenacidad y avispado genio, supo establecer una hábil política de fichajes, con relevantes titulares de países como Hungría o Argentina, mediante los cuales consiguió convertir, mediados los años sesenta del siglo XX, la delantera del club en la vanguardia más célebre del balompié: Kopa, Rial, Di Stéfano, Puskás y Gento.

El estadio que da nombre a la estación del ferrocarril metropolitano es hoy uno de los enclaves madrileños con mayor atractivo para el turismo internacional, que cada mañana inunda sus instalaciones y acostumbra recrearse en la contemplación de ese tipo de escenario mágico que brinda la alfombra de color verde encendido en la que revienta un césped que sirve de retablo al torneo de inteligencia muscular y pericia que más espectadores atrae en el mundo.

El viejo culto a los héroes se ve extrapolado a los campos

de fútbol, entre los cuales el madrileño goza dc universal nombradía. Del club del uniforme blanco —merengue se le llama en Madrid, con el mismo nombre de un tipo de pastel cremoso de tal color, también los hay de color café y de fresa, y endulzado sabor suave—, quizás el pionero de los futbolistas que más atención atraería hacia los graderíos de estadio del paseo de la Castellana haya sido un argentino singular: Alfredo Di Stéfano.

Poca gente sabe que este extraordinario deportista, que cobraría buena cuota de popularidad gracias al exitoso empleo del tacón y de la cabeza como delantero centro, además de como valeroso guardameta, contaba en el jardín de su domicilio de El Viso, muy cerca del estadio de Chamartín, con un insólito grupo escultórico: sobre un podio asentado en la hierba, un balón de fútbol mostraba a su pie una leyenda estampada sobre una brillante placa metálica. En la placa cabía leer: «Gracias, vieja».

Tal era el homenaje casi en clave maternal del genio futbolístico hacia el objeto que le afamaría en el mundo entero y que, a partir de entonces, identificaría su rostro, con un característico hoyito centrado bajo su maxilar inferior y una pajiza cabellera —Saeta Rubia llegarían a llamarle—, con el semblante del triunfo. A sus dotes físicas añadiría Di Stéfano otra inteligente dimensión de su personalidad, como cuando se brindó a filmar un anuncio publicitario en el cual aseguraba que, si fuera su propia esposa, usaría las medias de la marca tal…

Madridistas bajo sospecha

Pese a tal popularidad, que compartió sólo en cuotas reducidas con sus compañeros de delantera, el extremo izquierdo, santanderino, Gento y el interior izquierdo Ferenc Puskás, húngaro de nación como el barcelonista Ladislao Kubala, Alfredo Di Stéfano permaneció durante años bajo la escudriñadora lupa de la policía política del general Francisco Franco, la temida Brigada Político-Social. ¿A qué se debía aquel halo de sospecha que rodeó al futbolista? A la posibilidad de que su llegada a España desde Argentina tras su fichaje deportivo en el verano de 1953 por el Real Madrid de Santiago Bernabéu obedeciera a razones de tipo político, léase exilio: entre los cuadros dirigentes franquistas flotaba la sospecha de que el futbolista podría ser en su país enemigo jurado del peronismo, a la sazón aún en el poder en el país austral suramericano. Como se sabe, el viaje de Eva Perón a Madrid en pleno aislamiento internacional de la España franquista, más los envíos de trigo y carne desde Argentina decretados por el esposo de la dama, futuro exiliado político en la capital española años después, trabaron una estrecha relación entre los Gobiernos de Madrid y de Buenos Aires.

Pero tampoco el presidente madridista, pese a la popularidad y aparente inmunidad política que el fútbol granjea, se libraría de la ojeriza de los policías del dictador. Y ello como consecuencia de una visita del club futbolístico en pleno, con motivo de un encuentro en una ciudad suiza, a la residencia en Lausana de Victoria Eugenia de Battenberg, nieta de la reina Victoria de Inglaterra, viuda del rey destronado Alfonso XIII y ex reina de España. La fotografía de Bernabéu con sus once muchachos en torno a la regia dama levantó ronchas de disgusto en Madrid, si bien el valiente presidente del club persistiría en algunos gestos que, más que demostrar su desafección hacia el régimen, tenían como objetivo subrayar que él no tenía por qué ser obligadamente franquista.

Nuevos dolores de cabeza le acarrearía a Santiago Bernabéu la que fue, quizá, primera panfletada masiva en condiciones de clandestinidad impuesta por el régimen, mediante hojas volanderas impresas a ciclostil con lemas contra Franco. La siembra de propaganda ilegal, como se denominaba entonces, fue consumada mediante el lanzamiento a mansalva de panfletos por militantes comunistas sobre las gradas de su estadio en un célebre partido internacional. Ni que decir tiene que los panfletos del Partido Comunista de España estuvieron depositados en el almacén que el aparato de prensa de la organización clandestina tenía en el convento madrileño de la calle de Torrijos, donde había sido encarcelado años atrás el poeta comunista Miguel Hernández.

Metro Línea 2

Quevedo, gloria en la glorieta

La estación de Quevedo se encuentra encastrada en la plaza del mismo nombre del afamado escritor nacido en Cantabria en 1580 y muerto en La Mancha en 1645. Sin embargo, la plaza no aludía a tan eximio literato, sino a un pariente suyo, terrateniente de igual apellido, cuyos predios se situaban en el lugar donde la plaza se encuentra hoy. En el siglo XVI, Isabel de Valois, esposa de Felipe II, poseía una finca de recreo en las inmediaciones, entonces en el extrarradio madrileño y no lejos de un pozo de nieve, depósito que permanecía con sus almacenes activos todo el año, situado en la hoy cercana glorieta de Bilbao.

Precisamente, Francisco de Quevedo y Villegas fue hijo de un secretario de la tercera esposa de Felipe II y de Isabel Clara Eugenia, bien amada hija del llamado Rey Prudente. Sin embargo, ésta no fue, en verdad, una virtud que guiara al joven cortesano Quevedo, experto en teología, griego, latín y hebreo por las universidades de Salamanca y Alcalá, cuando dio muerte a estoque a un rufián en la ciudad estudiantil complutense; ni cuando de un espadazo mató a un supuesto truhán que a la salida de la iglesia de San Martín acababa de abofetear a una dama; ni tampoco se atuvo a prudencia alguna cuando en algunos banquetes regios pasó subrepticiamente al monarca billetes escritos con encendidos textos, poemitas burlescos y sardónicos retruécanos disparados directamente contra Gaspar Guzmán y Pimentel, el poderoso valido del rey Felipe IV, el temible conde duque de Olivares.

Por todas estas imprudencias, el escritor, que había cobrado extraordinaria nombradía popular por su ingenio y sus acerados poemas, resultaría desterrado en dos ocasiones, durante tres y cuatro años, respectivamente, amén de verse obligado a emigrar a Italia.

Al itálico modo

Ello le brindó oportunidad no sólo de impregnarse de la belleza de la Roma en ruinas, que inmortalizó en uno de sus libros, sino, además, de afinar su ya exquisita sensibilidad y sus conocimientos sobre el clasicismo, que le otorgarían con el tiempo una preeminencia cultural sobre la mayor parte de sus coetáneos, labrada, particularmente, en la crítica a un poeta tan culterano como Luis de Góngora.

El exilio en Italia procuró también a Quevedo la entrada en relación con el poderoso duque de Osuna, diplomático, de quien sería secretario. Tal amistad brindaría al escritor la posibilidad de participar en numerosas intrigas políticas, muy de su afición, ya que Italia era entonces vórtice de todas las conjuras internacionales, para erosionar el aún impresionante poder imperial español, cuyas magnificencias se encargaría Quevedo de exagerar grandilocuentemente, así como de lamentar las asechanzas foráneas y dolerse por la incomprensión europea hacia la importancia de la entidad del designio hispano.

A su regreso a España, el destino personal de Francisco de Quevedo se vio muy vinculado al de su mentor Osuna, cuya caída en desgracia le acarreó la suya propia, si bien atemperó su infortunio gracias a que, poco a poco, había ido granjeándose un lugar entre los arbitristas, grupo de sabios que se arrogaban, desde su erudición y con evocaciones a los clásicos de la Antigüedad, la facultad de sugerir al Rey cómo encarar la gobernación de sus estados.

Los monarcas hispanos agradecían aquellas consejas, dada la inextricable complejidad de la administración de tan vastos dominios. A los consejeros sobrevenidos les permitía acariciar los oropeles del poder, sueño que nunca abandonó Francisco de Quevedo, por lo demás un hombre muy de su época, capaz de dar muerte a un ofensor leve de una dama, como también de oponerse con argumentos, hoy considerados del más rancio machismo, a la designación de Teresa de Jesús como compatrona de España, iniciativa que, con su actitud, truncó. Menos mal que Teresa pudo ocultar durante toda su vida su origen hebreo y contar sus cuitas místicas en confesión a los principales prebostes de la Inquisición, a los que inteligentemente acudía para gozar de su amparo, como ha escrito el catedrático de Psiquiatría Francisco Alonso Fernández, reciente psicobiógrafo de la abulense universal.

Un barrio politizado

Ya en fechas más próximas en el tiempo, junto a la plaza de Quevedo se registraron acontecimientos políticos de relieve, como los numerosos mítines políticos y sindicales que durante la Segunda República y la Guerra Civil se celebraron en el contiguo cine Europa, en el arranque de la calle de Bravo Murillo.

También en la misma plaza se hallaba situada la sede del denominado Sindicato Español Universitario (SEU), una organización feudataria del falangismo con pretensiones, nunca plenamente conseguidas, de encuadrar al estudiantado español bajo el primer franquismo. La propia evolución ideológica de algunos de sus cuadros, pero, sobre todo, la incompatibilidad entre el discurso oficialista y la realidad social española de entonces —percibida por los estudiantes de manera progresivamente más crítica— reventaron aquella organización y la redujeron a la inexistencia política en vida del dictador, que asistió con estupor a la apertura de un imprevisto frente político contra su régimen desde las aulas universitarias.

El activismo político estudiantil era, en Madrid, legatario de una tradición que se inauguró sangrientamente en la llamada Noche de San Daniel, donde una revuelta fue reprimida con gran violencia por la policía durante las jornadas prerrevolucionarias de 1868, y prosiguió, bajo la dictadura del general Miguel Primo de Rivera (1921-1930), con la impugnación del régimen por la Federación Universitaria Escolar responsable en buena parte de la caída de la dictadura militar en el comienzo de la década de 1930.

Toda la zona aledaña a la plaza de Quevedo, por ser morada de centenares de estudiantes en pensiones próximas —cuando la Universidad Central se hallaba enclavada en la cercana calle de San Bernardo, sobre un antiguo noviciado de jesuitas que dio nombre, por cierto, a la estación de metro de Noviciado—, ha sido retablo de algaradas, revueltas, saltos y manifestaciones estudiantiles en los últimos dos siglos.

Metro Línea 5

La Latina, mujer culta

Pocas mujeres han alcanzado tanta importancia en épocas cercanas a su tiempo como Beatriz Galindo (1475-1534), cuyos estudios sobre lenguas clásicas le granjearon el apodo de La Latina, sobrenombre que bautiza una de las estaciones de la red de ferrocarril metropolitano, emplazada en las inmediaciones del mercado de la Cebada. Tan sólo se aproximarían a ella en nombradía, aparte de las reinas y princesas, las figuras de Teresa de Ahumada, la santa de Ávila, en el mundo de la mística, y en el del arte, la escultora apodada *La Roldana*. Magra

cosecha femenina en los siglos donde España adquirió su esplendor máximo, expresión de la secular exclusión social de las mujeres tan enraizada en la tradición hispana.

La doncella ilustrada

Beatriz creció a la sombra de la corte. Educada a la manera de un bachiller masculino en lenguas clásicas, pronto llegaría a formar parte del círculo íntimo de Isabel de Castilla, que la nombró profesora suya y de sus hijos, los infantes. La Reina le instó a casarse con un hombre de absoluta confianza de su esposo Fernando de Aragón, el artillero Francisco Ramírez de Madrid. Este militar, que sólo estuvo casado con Beatriz durante seis años, pues le sorprendió la muerte en plana juventud, fue uno de los artífices de las principales victorias militares del llamado Rey Católico.

Ello fue debido a su dominio del arte de la artillería, que tenía en el castillo de La Mota, en la vallisoletana Medina del Campo, su principal buque insignia: la fortificación artillera de este castillo fue de tal envergadura, tanto era su poder de disuasión, subrayan los historiadores, que nunca entraría en combate. Los expertos dicen que Leonardo Da Vinci, que fortificó algunos puertos italianos, se inspiró para ello en su diseño y en el de otros castillos de la frontera francoespañola, mandados construir por Fernando el Católico a ingenieros militares españoles.

El caso es que el matrimonio de Beatriz y Francisco duró seis años, en los cuales, mientras él guerreaba en la toma de Granada, ella, amén de dar sus clases de latín a la Reina y los infantes, promovía la fundación de dos importantes conventos madrileños: el de la Concepción Franciscana, en la calle de Toledo, y el de la Concepción Jerónima, en la calle de igual nombre, donde su marido poseía un manojo de casas y donde ella sería enterrada a su muerte en 1534. Por vía marital, el matrimonio emparentaría con la poderosa familia gallega de los Saavedra. Por cierto, el arco que daba entrada a este último convento fue trasladado piedra a piedra a la Escuela Técnica Superior de Arquitectura, en la Ciudad Universitaria de Madrid, en la década de 1960, donde aún cabe contemplarlo.

El cadalso de Riego

La plaza bajo la cual se encuentra la estación de La Latina asistió conmovida en 1823 a la ejecución del general Rafael de Riego, públicamente ajusticiado por alzarse en armas contra Fernando VII. Aquel monarca, sometido a Napoleón, que se revuelve contra su padre Carlos IV, que pierde la Corona a manos del Corso y que a su regreso a España —sólo posible gracias a las victorias militares de guerrilleros y a la toma de conciencia de los liberales, henchidos de deseos de renovación frente al Antiguo Régimen— instaura un régimen de terror cuya finalidad es la de aniquilar a unos y a otros de sus aliados.

Inicialmente lo consigue, pero Riego, prisionero de los franceses durante la Guerra de la Independencia y devenido en librepensador en las cárceles galas donde permaneció retenido, protagoniza a su vuelta a España un levantamiento en Andalucía que cosecha gran celebridad a lo largo de una marcha que hoy podríamos calificar de populista.

Empero, dicen los historiadores que en la cumbre de su popularidad, el general asturiano no se atrevió a eliminar a Fernando VII, regicidio que ya el 31 de enero de 1793 habían consumado los revolucionarios franceses en la persona de Luis XVI, y fue por ello víctima de quien fuera llamado primero el Rey Deseado, para convertirse luego a ojos del pueblo en Rey Felón, o Rey Traidor.

La Puerta de Toledo

Por otra parte, es cierto que a Fernando VII se debe la construcción de la puerta triunfal que entroncaba el centro de Madrid con la salida hacia Toledo. Sin parangón posible con la excelsa Puerta de Alcalá, la Puerta de Toledo fue ideada para festejar el retorno del mentado Rey Deseado, preso junto con su padre y sus hermanos por Napoleón en la ciudad francesa de Bayona.

En este arco monumental, de carácter triunfal, situado no lejos de la plaza de la Cebada, la actividad de los cuervos generó un curiosísimo caso de asilvestramiento vegetal. En el seno mismo de las llagas de los bloques de granito que configuran el cuerpo construido, bajo uno de los grupos escultóricos que rematan la gran puerta, las aves defecaron semillas de higuera ingeridas en este tipo de árboles.

Con el tiempo, aquellas semillas germinarían de tal modo que una potente higuera creció emparedada en su interior con tanto vigor que, pasados unos años, cada primavera los bomberos del cercano cuartel, situado en la ronda aledaña, se veían obligados a reducir, encaramados en el monumento, la expansión del rebelde vegetal arbóreo. Empleaban biocidas y otros elementos, pero el brío de la higuera ha perdurado pese a todo intento por truncar su crecimiento.

La Capilla del Obispo

En las inmediaciones de la estación de metro de La Latina, que coinciden con el más intrincado corazón del Madrid medieval, fue hallado hace una década un dédalo de pasadizos subterráneos que partían de los sótanos de la Capilla del Obispo. Se trata de un templo de extraordinaria belleza que perteneció a la familia de los Vargas, quienes, la leyenda asegura, dieron en la Edad Media empleo a Isidro Labrador, que llegaría a ser patrón de Madrid en el siglo XVII y cuyo cuerpo sería temporalmente sepultado en este bellísimo templo incrustado en el corazón de la ciudad.

La capilla conserva un cenotafio de alabastro dedicado a su pagano, el obispo de Plasencia, Gutierre de Vargas Carvajal, y dos estatuas orantes de sus padres, Francisco de Vargas e Inés de Carvajal, ambos pertenecientes a linajes madrileños de histórico abolengo. Este túmulo funerario, que cubre un paramento, pasa por ser la obra de arte tardomedieval más importante de un Madrid muy desprovisto de arte de aquella época. El labrado del cenotafio dialoga con un espléndido retablo atribuido al palentino Francisco Giralte, y ambas piezas confieren a esta capilla un aura que permite al visitante evocar, posiblemente con mucha aproximación, cómo fueron los espacios sacros del fin de la Edad Media en Madrid.

Una serie de litigios con la contigua iglesia de San Andrés, a costa de los restos mortales de san Isidro, enemistó durante siglos a los responsables de la Capilla del Obispo con los del otro templo, que ardió por los cuatro costados nada más conocerse el alzamiento golpista de Franco en Marruecos, en el verano de 1936. La capilla y un gran edificio contiguo fueron a parar, por herencias derivadas de enlaces matrimoniales, primero al marqués de San Vicente de la Barquera y luego a la Casa de Alba, que durante el siglo XVII tuvo, en el mismo barrio cercano a la plaza de la Cebada, su palacio ducal. Esta sede sería trasladada ya en el siglo XVIII al arranque de la calle de la Princesa y denominada palacio de Liria.

Es de destacar que los riquísimos ajuares artísticos de este palacio neoclásico fueron salvados de los bombardeos de la aviación franquista, alemana e italiana que castigaron durante casi tres años el barrio de Argüelles donde se encuentra el suntuoso edificio por grupos de muchachos vinculados a las Juventudes Socialistas Unificadas (JSU), unidas a la Juventud Comunista. Esta organización revolucionaria fue en su origen dirigida por Fernando Claudín, quien, con el tiempo, protagonizaría un episodio político de oposición

tildado de fraccional por el Partido Comunista de España y escenificado en el castillo que se enseñorea de la ciudad checa de Praga, en la margen izquierda del caudaloso río Moldava.

La iniciativa de protección artística, materializada en el palacio de Liria entre otras personas por el arquitecto republicano conservador Fernando Chueca Goitia, entonces estudiante de Arquitectura, contaba con el respaldo y estímulo de Josep Renau, a la sazón director general de Bellas Artes del Gobierno de la Segunda República y, posteriormente, célebre artista plástico y cartelista. Fue también Renau quien, tal como ya hemos señalado, decidió enviar de Madrid a Valencia los tesoros del Museo del Prado amenazados por los bombardeos franquistas.

Volviendo a la Capilla del Obispo, hace unas décadas este recoleto templo porticado con dos excelsas puertas de madera bellamente talladas por el palentino Villoldo el Mozo fue objeto de un robo que expolió numerosos enterramientos que en su lar se hallaban, quedando tan sólo los huesos de los caballeros allí sepultados. Espadas, dagas, cotas de malla, arreos caballerescos y otros aditamentos propios de la época fueron arrebatados en aquel expolio, cuyos autores no fueron nunca apresados. El edificio contiguo a la capilla fue con ella cedido por la Casa Ducal de Alba al arzobispado de Madrid, que se comprometió, por contrato de cesión, a mantener el culto en el templo y a destinar a obras sociales las instalaciones paredañas. Así, el edificio albergó una organización social obrera de cuño católico, para transformarse luego en un centro de enseñanza.

En la actualidad, el templo, que tiene su acceso por una escalinata de dos brazos que mira a la plaza de la Paja, es regentado por una orden religiosa contemplativa de nueva creación, las Hermanitas del Cordero, y tras su restauración integral puede ser visitado, con limitaciones, durante dos días a la semana. Sobre el muro lateral exterior de la iglesia de San Andrés, a la altura del pequeño claustro que antecede a la Capilla del Obispo, cabe ver la marca de lo que fuera pasadizo volado entre el recinto eclesial y las casas llamadas de los Vargas. En ellas se alojaron los Reyes de Castilla, Aragón y Granada, Isabel y Fernando, durante sus estadías en Madrid. La ciudad fue muy querida por el hermano de la Reina, Enrique IV, con quien entablaría una de las primeras guerras civiles de la historia de España.

El Madrid bajomedieval procuraba a Enrique no sólo albergue en el alcázar que corona la cornisa a poniente, sino también la codiciada caza en el monte de El Pardo, el agua cristalina de sus numerosas fuentes y manantiales, amén del aire sano de sus altos cielos. Pero, sobre todo, Madrid era un crisol por la diversidad de sus costumbres, habida cuenta de que la ciudad albergaba una judería en el área de Lavapiés y una morería en torno a la calle de Segovia y la plaza del Alamillo. Del mismo modo, la ciudad poseía un agro circundante rico y autosuficiente desde el punto de vista alimentario.

La Latina cuenta hoy con una efigie escultórica suya enclavada en el comienzo del paseo de Extremadura. Sus restos mortales, que estuvieron sepultados inicialmente en el convento de la Concepción Jerónima por ella fundado, fueron a dar primero a un cenobio de monjas de la calle de Velázquez, en su confluencia con la de Lista, llamada luego Ortega y Gasset, para ser posteriormente enviados a un convento, también de religiosas, que se halla en las inmediaciones del campus de la Universidad Autónoma de Canto Blanco. Dos cenotafios, el de Beatriz Galindo, La Latina, y el de su marido, Francisco Ramírez de Madrid, permanecieron durante años en el acceso a la que fuera capilla del Hospicio de San

Fernando, hoy Museo de Historia de la calle de Fuencarral, recientemente sometido a una reforma integral que ha ampliado su espacio expositivo y ha saneado sus instalaciones. Los sepulcros, vacíos, se encuentran en la actualidad en el Museo de San Isidro, junto a la plaza de los Carros.

Metro Líneas 6 8 10

Nuevos Ministerios, el sueño de Indalecio Prieto

Una de las estaciones de metro más importantes de Madrid por su amplitud y su decoración, a base de una enorme fotografía de la línea de horizonte de la ciudad, es la de Nuevos Ministerios, situada bajo el cruce del paseo de la Castellana con la avenida de Raimundo Fernández Villaverde y con la calle de Joaquín Costa. Tal importancia procede no sólo de sus dimensiones, sino también de su ubicación, ya que fue realizada sobre un proyecto ideado por los arquitectos Secundino Zuazo y Hermann Jansen, en torno al año 1929.

Las obras contaron con el apoyo del orondo ministro socialista Indalecio Prieto, titular de las carteras de Defensa, Hacienda y Fomento, y con el impulso de Manuel Azaña, presidente de la Segunda República española, pero se vieron interrumpidas por la Guerra Civil de 1936 a 1939, para verse reanudadas en 1941. Ministro y presidente quisieron significar la capitalidad del Madrid republicano mediante el ensanche madrileño hacia el norte, habida cuenta de que el sur, por imperativos orográficos, se hallaba colapsado y bloqueaba la expansión de la ciudad hacia su zona meridional.

Para subrayar la nueva dirección expansiva de Madrid, Indalecio Prieto decidió ubicar el nuevo centro administrativo público de la ciudad en la zona que lleva el nombre de la gran estación, que contiene una importante red de conexiones ferroviarias subterráneas: el empuje madrileño hacia su zona septentrional carecería de sentido sin una red de transportes para conectarlo al centro y al sur madrileños. Comoquiera que toda innovación acostumbra ser concebida por algunos como traición a lo anterior, el proyecto de Zuazo y Jansen, avalado por *don Inda*, como se conocía al político socialista en el Madrid republicano, proyecto que incluía un túnel para enlazar el nuevo enclave con Atocha, sería motejado por la derecha conservadora y también por la extrema derecha como *Túnel de la Risa*, apodo que procedía de una popular atracción de feria conocida como Tubo de la Risa.

Sobre una extensa zona baldía del norte madrileño fue edificada la construcción más grande del Madrid de entonces y de muchos años posteriores, para ubicar en su interior distintos ministerios estatales, como los de Trabajo, Vivienda, Obras Públicas, con posterioridad, el de Medio Ambiente y otros que, con el tiempo, cambiarían de denominación por sucesivas fusiones departamentales.

Uno de los grandes secretos que Madrid oculta desde la construcción de aquellos enormes edificios, rematada en los años cincuenta del pasado siglo por arquitectos como Carlos Arniches y Rafael Bergamín, ambos emparentados con escritores de nombradía, fue que su estructura en planta se asemejaba grandemente a una hoz cruzada por un martillo, herramientas que componen la alianza del proletariado y el campesinado para formar el símbolo comunista. Así cabe apreciarlo desde la altura del imponente rascacielos edificado en las inmediaciones de los Nuevos Ministerios por el arquitecto Francisco Javier Sáez de Oiza.

La familia que reza unida...

Sobre los predios en los que se alzara este soberbio rascacielos, considerado por los arquitectos madrileños durante décadas como el mejor construido de todo Madrid, tuvo lugar mediada la década de 1950 una de las manifestaciones religiosas más multitudinarias que los veteranos y veteranas de la ciudad recuerdan. Decenas de miles de personas se desplegaron por el entonces aún en construcción paseo de la Castellana para acudir a la convocatoria llamada «La familia que reza unida permanece unida», dirigida por un sacerdote irlandés conocido como el padre Peyton.

Una enorme balconada, a modo de arengario, sujeta por tubos metálicos presidía la concentración, rarísimo ejemplo de reuniones masivas no estrictamente político-aclamatorias, las únicas autorizadas por aquel régimen. Desde su elevada cúspide podía verse a figuras del folclore patrio como la cantaora Lola Flores y su esposo, Antonio González, más conocido como El Pescadilla, así como al marqués de Villaverde, yerno del dictador Francisco Franco, junto a su esposa. Los asistentes rezaron un rosario conjuntamente bajo la dirección del cura irlandés, con un español muy pobre que sorprendía a los niños que allí habían acudido con sus familias.

Sobre el mismo lugar, en la confluencia de la avenida de Raimundo Fernández Villaverde con el paseo de la Castellana, era costumbre en Madrid que se instalara por primavera el Circo Americano. Un otoño, fue montado allí mismo el Circo Ruso y en el Madrid clandestino se comentó entonces que a su fila cero acudieron, como gesto de presencia política, varios dirigentes del comunismo clandestino.

No lejos de la estación de metro de Nuevos Ministerios, en

las inmediaciones del edificio de El Corte Inglés del paseo de la Castellana, se hallaba el rascacielos conocido como Windsor, una potente mole proyectada y ejecutada por los arquitectos Pedro Casariego y Genaro Alas, en cuyo interior se encontraban las oficinas y los correspondientes archivos de algunas de las compañías auditoras y de los bufetes de aboga-

dos mercantiles más importantes de España. La noche del 12 de febrero del año 2005, el Windsor, de ciento seis metros y treinta y dos plantas de altura, ardió como una tea y quedó completamente destruido, en un incendio cuyas causas no fueron nunca del todo esclarecidas.

Lo curioso es que los dueños del inmueble, pertenecientes a la familia Reyzábal, propietaria de cines en Madrid, aseguraron que apenas unos meses antes habían realizado una inversión enorme para cumplir con todos los requisitos antiincendios, modificados por las autoridades después de la erección del rascacielos. Y especificaron que lo hicieron no sólo para observar la exigente normativa legal, sino, además, concernidos por un luctuoso episodio acaecido en uno de los cines de su propiedad, concretamente el Bilbao, sobre la calle de Fuencarral, cuya marquesina de la fachada se desplomó súbitamente y causó siete muertos.

Joaquín Costa

En el otro eje del área de Nuevos Ministerios, la calle de Joaquín Costa albergó en su acera de los pares y durante décadas un cuartel de carros de combate que, con el tiempo, quedaría transformado en almacén militar donde fueron a parar todos los elementos, armas cortas, largas, blancas y de fuego, así como obras de arte, utensilios bélicos y enseres de distinto tipo, procedentes del Museo del Ejército que, desde su enclave en el Salón de Reinos del antiguo palacio del Buen Retiro, fue trasladado al alcázar de Toledo en el arranque del siglo XXI por una decisión administrativa que fue muy contestada por organizaciones cívicas madrileñas.

En la acera de los impares de Joaquín Costa, muy cerca del paseo de la Castellana, se encuentra un restaurante con nombre de frontón vasco muy frecuentado en las postrimerías del franquismo, mediada la década de 1970, por la oposición a aquel régimen. Muchos de los planteamientos luego mostrados por las coaliciones de partidos fueron allí consensuados en torno a las entonces denominadas cenas políticas, versión derivada de las históricas tertulias de las cuales Madrid fue siempre ciudad pionera.

En la misma acera, pero un poco más arriba, cerca ya de la plaza de la República Argentina, que posee una de las fuentes más singulares de Europa —media docena de delfines sobrenadan en la pila dispuesta en pequeñas cascadas—, se encuentra el colegio de Nuestra Señora de las Maravillas, dotado de un gimnasio muy innovador ideado por el arquitecto Alejandro de la Sota.

Menéndez Pelayo, el poder de la erudición

El santanderino más universal del ámbito hispano da nombre a una estación de metro situada bajo la confluencia de la avenida que lleva su nombre con la de la Ciudad de Barcelona, con salidas al arranque de esta avenida y también a la calle de Gutenberg. La estación se encuentra no lejos de la Real Fábrica de Tapices, un caserón de ladrillo y mampuesto que alberga uno de los establecimientos artesanos más prestigiosos del país, en el cruce de la calle de Andrés Torrejón con la de Fuenterrabía.

Al fondo de esta vía pública, sobre la calle dedicada al cantante navarro, más precisamente roncalés, Julián Gayarre, se alza el Panteón de Hombres Ilustres, que entre varios grupos escultóricos funerarios de renombrados artistas como Bellver, Benlliure y Suñol cuenta con una efigie de la Estatua de la Libertad con su diadema metálica y su antorcha, que figura

entre las pioneras de este género escultórico y que alcanzó universalidad en la erigida en una peana sobre el río Hudson, en su salida al mar frente a la ciudad de Nueva York. También París, sobre una isleta del Sena, posee el original del que aquella neoyorquina es réplica.

La libérrima estatua madrileña, que corona un túmulo que contiene los restos de próceres liberales del siglo XIX como Salustiano Olózaga, Francisco Martínez de la Rosa o Juan Álvarez Mendizábal, fue obra de Ponciano Ponzano, autor asimismo del magnífico frontón de sabor clasicista que remata la fachada del Palacio del Congreso de los Diputados de la Carrera de San Jerónimo. Por cierto, los cimientos de este palacio —en el mundo, uno de los escasísimos edificios destinados a albergar el poder legislativo construido sobre un terreno declinante más de seis metros en su fachada principal— se asientan sobre un laberinto de columnas legado de la antigua iglesia del Espíritu Santo. Encima de este templo, la sede parlamentaria fue edificada a mediados del siglo XIX.

Por otra parte, se cree que los restos mortales de numerosos próceres de la patria se hallan sepultados en algún lugar de las inmediaciones del mencionado Panteón de Hombres Ilustres de la calle de Julián Gayarre cercana a la avenida de Menéndez Pelayo, hasta donde fueron conducidos terciado el siglo XIX en uno de los fervorines patrióticos, en aquel caso, de cuño civil, que enardecieron a la población madrileña durante aquella centuria. Se trataba de enterrar en el mausoleo de hombres ilustres a figuras destacadas de la política del siglo y de centurias precedentes, pero las demoras administrativas y las registradas para autorizar puntualmente fondos desde las Cortes, nombre dado entonces al Parlamento, generaron una situación de espera que se saldó con la pérdida de los restos de egregios personajes, como los del marino Jorge Juan o los del dramaturgo Pedro Calderón de la Barca.

El académico, filólogo y erudito Marcelino Menéndez Pelayo da nombre a la avenida homónima que flanquea por su fachada al este, la que mira a levante, al parque del Retiro. Algunos relatos de ancianos escuchados por este autor recordaban los paseos que don Marcelino daba entre el Ateneo Científico, Artístico y Literario de Madrid, situado en la calle del Prado, y la Real Academia Española, anteriormente llamada de la Lengua. Aquellos testimonios hablaban de que el prócer cántabro zigzagueaba un poco, dada su muy conocida afición a los generosos caldos con los que acostumbraba regar sus sobremesas. Según ascendía caminando el renombrado polígrafo por la calle de Felipe IV, a su izquierda quedaba la calle de Ruiz de Alarcón, donde vivió tiempo después el escritor vasco Pío Baroja, y a su derecha, el Museo del Prado, que cuenta en esa zona con una bellísima estatua de Francisco de Goya, obra de Mariano Benlliure; a sus pies figura una maja desnuda, esculpida también en bronce.

En esa fachada del Museo del Prado, que en un principio carecía de la escalera de dos cuerpos que asciende hasta su planta noble, se encontraba un potente grupo escultórico, que desapareció en una de esas sorprendentes actuaciones que caracterizan a la administración madrileña. No obstante, Tomás Harris, famoso espía británico asentado en Madrid, hijo de un anticuario londinense y de una gitana de Fuencarral, que llegaría a ser uno de los principales expertos mundiales en la obra de Goya y pintor él mismo, fotografío desde el contiguo Hotel Ritz el grupo escultórico desaparecido. Es, su fotografía, el único testimonio gráfico visible que de aquella presencia queda como documento de su existencia.

Bajo esa misma fachada norte de la gran pinacoteca se halla una zona ajardinada diseñada en el segundo lustro del siglo XXI por el arquitecto tudelano Rafael Moneo, autor de la ampliación del Museo del Prado sobre el viejo claustro de la iglesia de los Jerónimos. Por cierto, el también arquitecto Fernando Chueca Goitia, autor de una suerte de ábside en la fachada oriental del museo, tuvo su domicilio hasta su muerte en la contigua calle de Ruiz de Alarcón, portal con portal del domicilio de Baroja.

Ambos escritores —Chueca fue un renombrado historiador del arte y un gran divulgador de la arquitectura— pasan por haber sido dos de los mejores conocedores de la ciudad de Madrid, entre numerosos otros méritos. Baroja describió magistralmente sus llamados barrios bajos, los periféricos incluidos, y Chueca recorrió en sus escritos el caserío histórico y los ensanches, teorizando incluso sobre sus elementos invariantes, como tituló uno de sus relatos.

Metro Línea 9

Herrera Oria, el cardenal de la derecha

La estación del ferrocarril suburbano lleva el nombre de una personalidad singular vinculada al mundo de la religión católica, la política y los medios de información, es decir, un personaje de poder. Pese a ello, su figura resulta altamente desconocida para las gentes de a pie, que, no obstante, pueden reparar en su importancia si descubren que Ángel Herrera Oria, nacido en Santander en 1886, llegaría a lucir el birrete cardenalicio en las postrimerías de su vida, caracterizada por una actividad incesante. Abogado, mostró siempre clara afección por el periodismo, que ejercería desde un medio muy influyente, *El Debate*, por él fundado y dirigido a partir de 1911.

Simultáneamente, Ángel Herrera se consagró a la creación de instituciones de distinto género como el Centro de Estudios Universitarios (CEU), una de las instituciones académicas privadas más importantes de Madrid, donde es conocida por el nombre de San Pablo. Su ubicación se encuentra en el

área de Moncloa-Colegios Mayores. Fundó asimismo Herrera la agrupación Acción Nacional, denominada posteriormente Acción Popular, de donde surgiría uno de los partidos políticos de derecha más importantes del período republicano, la Confederación Española de Derechas Autónomas, cuyo líder sería el abogado José María Gil Robles. De igual modo, Ángel Herrera Oria se comprometería en la fundación del Instituto Social Obrero y una Escuela de Periodismo, de influencia católica, conocida como de El Debate, de gran ascendiente sobre las élites políticas conservadoras españolas, mentora del diario de igual nombre.

Tras abandonar el periodismo en 1933, Herrera Oria fue nombrado presidente de la Junta Central de Acción Católica, desde donde impulsó la Asociación Católica Nacional de Propagandistas (ACNDP), de largo recorrido durante los años del franquismo posteriores a la Guerra Civil. En 1940 sería ordenado sacerdote adscrito a la diócesis de Santander hasta 1947, año en que fue nombrado obispo de Málaga. Siendo titular de esta diócesis andaluza, Ángel Herrera Oria recibió, en marzo de 1965, el birrete cardenalicio y tres años más tarde murió en Madrid, si bien su cuerpo fue sepultado en la catedral malagueña.

El *Ya* y la Iglesia

La estela del cardenal-periodista, como algunos le denominaban en vida, se prolongó después de su muerte, ya que uno de los diarios periodísticos más influyentes de la pre-Transición, entre los años 1969 y 1975, el diario *Ya*, sería el heredero natural y el receptor de su legado, basado en la llamada Doctrina Social de la Iglesia. Fue éste un impulso renovador originado en el seno eclesial católico como consecuencia de la conflictividad obrera inducida por el capitalismo, surgida en Europa y América en la bisagra de tránsito entre los siglos XIX y XX.

El diario *Ya*, que tenía su redacción en la calle de Mateo Inurria, no lejos de la plaza de Castilla, fue un medio de comunicación levemente reformista, decisivo no obstante en la configuración de la opinión en ámbitos sociales cristianos. Poco a poco, tras los furores del llamado nacionalcatolicismo posterior a la contienda civil, caracterizado por una legitimación mutua entre la jerarquía de la Iglesia católica y el régimen de Franco, iría adquiriendo contenidos editoriales e informativos en una clave democrática, por lo general conservadora, pero paulatinamente más despegada y crítica del franquismo, que llegaría a un enfrentamiento directo a propósito del denominado caso Añoveros.

En marzo de 1974, el obispo de Bilbao Antonio Añoveros dio a la lectura una homilía redactada por un consejo pastoral vasco en la cual se reivindicaba la singularidad cultural y política de Euskadi en unos términos considerados por el Gobierno franquista como atentatorios a la unidad nacional. Un avión Mystère estuvo listo en el aeropuerto bilbaíno de Sondika para desterrar al obispo a Italia, eventualidad que fue truncada por la actitud del cardenal Vicente Enrique y Tarancón, primado de España, que amenazó con excomulgar al Gobierno franquista en pleno si éste exiliaba al obispo Añoveros sin juicio previo. No obstante, el prelado de Bilbao permaneció en arresto domiciliario varios días.

El clima de tensión fue remitiendo, al reparar Franco en la gravedad que hubiera implicado la rotura de relaciones entre el Estado español y la Iglesia, posibilidad con la que los prelados amagaban, ya que el dictador tenía la certeza de que tal rotura implicaría obligadamente la caída de su régimen, dada la oficial confesionalidad católica mayoritaria de la población española de su tiempo. Sin embargo, tras aquel episodio, la jerarquía de la Iglesia española planteó al régimen la revisión del concordato que regulaba las relaciones mutuas con el Estado español desde 1953, tarea que se acometió poco después.

El denominado Grupo Tácito, un colectivo editorial del diario madrileño *Ya*, de cuño demócrata cristiano, parcialmente heredero ideológico del dirigente de la Confederación Española de las Derechas Autónomas (CEDA) José María Gil Robles, batalló editorialmente por emancipar siquiera formalmente a la Iglesia católica de los estertores del franquismo, meta que consiguió, si bien la ideología de la democracia cristiana como tal no se aunaría en un único partido para concurrir al posfranquismo, a diferencia de lo sucedido en otros países, como Italia o Alemania.

Metro Línea 3

Ventura Rodríguez, el fontanero excelso

Da nombre a esta estación del ferrocarril metropolitano situada en las inmediaciones de la plaza de España un insigne arquitecto nacido en la localidad madrileña de Ciempozuelos en 1717, en el seno de la familia de un ornamentador de templos de origen humilde. Su mente despierta, sus conocimientos sobre el dibujo y su familiaridad con los materiales de construcción le alzaron a la condición de alarife en una etapa, el reinado del monarca llegado de Nápoles, Carlos III, en la que tuvo que competir, con resultados a menudo adversos a sus propios intereses, contra arquitectos llamados de Italia por el Rey que le postergaron a una posición secundaria en diferentes ocasiones.

Sin embargo, Ventura Rodríguez formó parte del equipo que culminó la construcción de los palacios reales de Madrid y Aranjuez. Asimismo, erigió el palacio de Liria, sede de la Casa Ducal de Alba, muy cerca de donde abre su boca la estación de metro que lleva su nombre. Las obras más relevantes del arquitecto madrileño fueron, sin duda, dos templos: el primero, la iglesia de San Marcos, situada a espaldas del rascacielos del edificio España. Este templo, de reducidas dimensiones y muy encastrado en el caserío madrileño, es emblema de la arquitectura neoclásica que Ventura Rodríguez

encarnó en Madrid como su más egregio representante.

El otro templo es el denominado Oratorio del Caballero de Gracia, magnífico módulo del academicismo neoclasicista, que muestra una belleza en sus interiores sin posibilidad de expresión externa en su fachada, encajonada en una calle muy estrecha. Presenta la particularidad de un ábside tubular semiesférico muy visible y muy bien integrado en la Gran Vía, ya que el oratorio fue uno de los poquísimos edificios del siglo XVIII que se salvó de la piqueta cuando la gran arteria fue abierta en los albores del siglo XX, concretamente a partir de 1910.

Dos iconos madrileños: Neptuno y Cibeles

No obstante, la obra que más notoriedad ha dado a Ventura Rodríguez fue su fuente de Neptuno, considerada como una de las más bellas del mundo. Representa al dios de las aguas, hermano de Júpiter y de Plutón, hijo asimismo de Saturno, que cabalga sobre un carro de caparazones marinos tirado por dos legendarios caballos. La fuente fue labrada por Pedro de Mena en piedra marmórea procedente de las canteras de Montesclaros que Ventura Rodríguez tasó en 110.000 reales de vellón. El arquitecto murió en 1784, antes de verla acabada, pero la belleza de su idea sigue dando a las fuentes de

Madrid un aura inconfundible, manifiesta igualmente en la de Cibeles, también ideada por el maestro alarife de Ciempozuelos, que llegaría a ser Fontanero Mayor de Madrid. Comenzó su construcción en 1781 y la disposición de sus elementos, la ubicación de la diosa, los leones y amorcillos, se vio inspirada por una descripción que el autor del *Decamerón*, Giovanni Bocaccio, hizo en el libro tercero de su genealogía de los dioses.

Es preciso decir que la fuente de Cibeles, diosa gobernadora —*kibernos*, significaba «gobernar» en la vieja Grecia— estuvo emplazada en su origen sobre un espacio tangencial de la misma plaza, más precisamente en un lugar próximo al palacio de Buenavista, sede del Cuartel General del Ejército. Su fin primordial no fue el ornamental, pese a su gran belleza, sino más bien el de servir de depósito o estanque para aprovisionar de agua a los acemileros y aguadores que entonces recorrían la ciudad vendiendo agua transportada sobre asnos provistos de cántaras. El hito monumental dedicado a la diosa gobernadora y cerealera fue definido por el político Emilio

Castelar como «gallardísima» y «a cuyo pie fluye la mejor agua del mundo».

La figura de los aguadores no desaparecería de las calles de la ciudad hasta mediado el siglo XIX, cuando se produjo la traída de aguas del Canal de Isabel II desde la sierra madrileña hasta el barrio de Chamberí, donde las plantas hidráulicas tendrán sus principales instalaciones y su fuente en la glorieta de San Bernardo. Esta plaza fue llamada también de Ruiz Jiménez, nombre de un alcalde madrileño padre de un político democristiano de nombre Joaquín, ministro de Franco y, posteriormente, opositor moderado a su régimen.

Con el tiempo, la fuente sería reinstalada en el centro de la plaza, frente al Banco de España y el edificio de Correos, obra de Antonio Palacios Remilo, conocida popularmente como Nuestra Señora de las Comunicaciones por su aspecto catedralicio. La enorme fachada del que fue imponente templo postal y hoy es sede del Ayuntamiento, parece abrazar a la fuente madrileña, mientras que el potente Banco de España tan sólo le ofrece un bello pero exiguo chaflán de su fachada norte.

Por su enclave y su belleza —gracias al buen hacer de los escultores Francisco Gutiérrez, Alfonso Bergaz, Roberto Michel y Miguel Ximénez—, por la fuerza y serenidad combinadas de su presencia, la fuente de Cibeles se identifica con el icono más potente de Madrid y jalona esplendorosamente el paseo del Prado. Posee este ameno andén una de las trazas arboladas urbanas más importantes de Europa, ideada por el arquitecto José de Hermosilla con la colaboración imprescindible de Ventura Rodríguez, uno de los hombres más importantes de la historia de la arquitectura en Madrid.

Metro Línea 6

O'Donnell, título ducal africano

En el cruce de la avenida del Doctor Esquerdo y la calle que lleva el nombre, de origen irlandés, de un afamado general decimonónico, Leopoldo O'Donnell, se encuentra la estación de ferrocarril metropolitano homónima, que figura entre las más profundas de Madrid. El prócer del que deriva el nombre nació en Santa Cruz de Tenerife en el arranque del siglo XIX, 1809, en el seno de una familia de raigambre militar.

Con el discurrir de los años, llegaría a erigirse en uno de los más célebres mílites de su siglo, generales que fueron denominados *espadones*, por sus múltiples injerencias en la vida política española a lo largo de aquella atribulada centuria, durante su primera mitad en clave progresista y, en la segunda, paulatinamente en clave conservadora. Leopoldo, provisto de una valentía personal insólita, desarrollaría una meteórica carrera castrense señaladamente en el Norte de África, donde el ya declinante designio imperial español llevaba a los monarcas a trasladar a la zona rifeña el escenario de numerosas cuitas, en las que foguear al ejército y destilar algunos de los problemas que aquí o, sobre todo, en la hirviente América hispana, no sabían, no querían o no podían resolver.

Tanto fue el coraje cosechado por O'Donnell en África que su valor le fue reconocido mediante el título nobiliario de duque de Tetuán. Mas su ambición no se circunscribió sólo a los escalafones: el general fue un consumado conspirador, sobre todo contra otro *espadón* de renombre, el general Baldomero Espartero, de cuyo Gobierno había formado parte tras los acontecimientos revolucionarios de 1854 en los que O'Donnell desempeñó el papel de inductor destacado, junto al general Dulce.

Fue precisamente el general tinerfeño, a la sazón presidente del Consejo de Ministros, quien encaró con mano muy dura la rebelión de los sargentos conocida como de San Gil, que ensangrentó un célebre cuartel artillero de la localidad de Vicálvaro, hoy integrada en Madrid. Tras aquellos sucesos dejó el poder y fue a trasladarse, exiliarse sería la palabra correcta, a la localidad fronteriza y playera francesa de Biarritz, donde moriría en 1867, en las vísperas del derrocamiento de la reina Isabel II y de la revolución conocida como Gloriosa, que asistiría a un cambio dinástico de Borbones por Saboyas: Amadeo I llegaría a reinar tras ser llamado por Juan Prim i Prats, quien, en las jornadas preliminares a la llegada del monarca de Italia por Cartagena, fue asesinado tras sufrir un atentado en la madrileña calle del Turco, hoy Marqués de Cubas.

Tiempo después de la muerte del general O'Donnell en Biarritz, su cuerpo fue sepultado en un historiado sepulcro encastrado en el retablo del altar del lado del Evangelio de la iglesia madrileña de Santa Bárbara. Este templo es uno de los más distinguidos de Madrid; se encuentra situado en las inmediaciones de la plaza de Colón y es paredaño de un convento de bella hechura neoclásica, donde residió durante años la sede del Tribunal Supremo y, bajo el franquismo, la del Tribunal de Orden Público, un organismo de represión política y sindical creado en la última fase del régimen dictatorial.

La iglesia donde yacen los despojos de O'Donnell lleva el nombre de la Reina Bárbara de Braganza, esposa de Fernando VI. Rey y Reina se encuentran enterrados allí, en el lado de la Epístola, en un par de sepulcros trasdosados. El de Fernando mira hacia el templo y el de su esposa, a la sacristía de la iglesia. La decoración de ambos túmulos es florida y muy rica, con algunas evocaciones musicales. Y ello habida cuenta de la afición por el canto en particular y el pentagrama en general mostrada por aquella pareja, que disfrutaba sobremanera cantando ella a dos voces junto al mimado *castrati* Carlo Broschi, más conocido como *Farinelli*, mientras el Rey tocaba el clavicémbalo y los tres navegaban juntos en una de las ubérrimas falúas reales que surcaban suavemente las aguas del río Tajo a su paso por Aranjuez.

Allí, hoy, en la impar ciudad ribereña, cabe aún contemplar la magnificencia de aquellos bajeles reales en un museo que mantiene Patrimonio Nacional. Se encuentran en un pabellón enclavado en medio de los renombrados jardines de la fastuosa sede palacial de la localidad fluvial, trazada en su origen por el impar Juan Bautista de Toledo, primer arquitecto, también, del monasterio de San Lorenzo de El Escorial. Por cierto, dada la proximidad al suelo de la capa freática en Aranjuez, la vegetación arbórea de los jardines de palacio es una de las más ricas, variadas y vigorosas del centro de España.

Mariposas con denominación de origen

No lejos de la ciudad madrileña, situada en el confín provincial con Toledo, se encuentra el mar de Ontígola, una zona lacustre que fue tratada por los arquitectos de Felipe II para establecer un ambicioso sistema de canalizaciones y de traída de aguas. La particularidad de esta laguna es que en sus inmediaciones habitan más variedades de mariposas que las que revolotean en todas las Islas Británicas, según confirman estudiosos entomólogos, que remarcan, por otra parte, que una de las mariposas más bellas de cuantas se conocen lleva el nombre de Isabel II —*Isabella graellsia* es su denominación científica—, la misma reina a quien sirvió, con más o menos lealtad, el ambicioso general Leopoldo O'Donnell.

La mariposa tiene las alas color de esmeralda, tachonadas por pequeñas puntuaciones doradas; vive y crece en enclaves muy reducidos del área de El Escorial y de la Granja de San Ildefonso, a ambos lados de la sierra del Guadarrama. En algunos de los retratos que pintó Federico de Madrazo de la reina española, se le ve lucir un broche con la forma y el colorido de la mariposa que lleva desde entonces su nombre.

La Fábrica de Moneda

Por último, en las inmediaciones de la estación de metro de O'Donnell se encuentra la Real Fábrica de Moneda y Timbre, cuya cardinal importancia menguó con la incorporación de la economía española al sistema de moneda única del euro en el año 2001. No lejos del gran edificio de la moderna ceca madrileña se encuentra la Maternidad de Santa Cristina, uno

de los paritorios favoritos de la burguesía madrileña, inaugurado a finales del siglo XIX por la reina regente María Cristina de Habsburgo, viuda de Alfonso XII. En un área de esta clínica, más concretamente en el pabellón reservado a las personas sin ingresos, se perpetraron durante décadas bajo el franquismo y en años posteriores los robos de niños de madres solteras y su entrega a padres de familias pudientes.

Enfrente mismo de la clínica, en la acera de los pares de la calle de O'Donnell sobre un edificio de ladrillo de gran porte, antiguo hospital, se conserva uno de los escasísimos escudos heráldicos de España de la época republicana, con su coronamiento a base de castilletes y una rica policromía, hoy restaurada. Ya en el arranque de la calle se hallaba enclavado un chalé donde residió a lo largo de su vida el político Alejandro Lerroux, quien fuera ministro del Gobierno republicano durante la revolución obrera de 1934 iniciada en Asturias y sangrientamente reprimida por los generales Martínez Anido y Francisco Franco. Lerroux se vio envuelto en un escándalo de corrupción que dañaría su carrera política.

Metro Líneas 5 9

Núñez de Balboa, arteria chic

El conquistador Vasco Núñez de Balboa, nacido en 1475 en la localidad extremeña de Jerez de los Caballeros, da nombre a la estación situada en el corazón del barrio de Salamanca, cercana a la de Diego de León. Vasco fue el primer europeo que avistó el océano Pacífico en el año 1513 en las costas occidentales centroamericanas. En medio de penalidades sin cuento, adentrado en una tierra tan feraz y rica como hostil y peligrosa, Núñez de Balboa consumó una de las principales gestas del encuentro de España con el continente occidental. Pero los apetitos desatados en torno a los llamados conquistadores se cobrarían en él a una de sus principales víctimas: en 1517, bajo la acusación de alta traición, fue aprehendido, encarcelado y decapitado en la localidad de Acla.

Juan Bravo, un héroe desconocido

Una de las ya muy escasas vías públicas que en Madrid conserva su estructura de bulevar es la calle de Juan Bravo, enclavada en la zona norte del barrio de Salamanca. Bajo su ancho andén central se encuentra una boca de la estación de metro de Núñez de Balboa, cuya salida se sitúa enfrente del Colegio

Jesús-María de religiosas. En este centro religioso, donde recibieron sus enseñanzas primarias y de bachillerato las hijas de la aristocracia y la alta burguesía madrileñas, profesó hasta no hace muchos años una monja que, antes de enclaustrarse, mantuvo un romance con José Antonio Primo de Rivera, hijo del dictador Miguel Primo de Rivera, marqués de Estella, fundador de Falange Española.

En las aulas del mismo colegio estudió en los años cincuenta del siglo XX Carmen Díez de Rivera, aristócrata, hija de un amorío entre la marquesa de Llanzol y Ramón Serrano Súñer, cuñadísimo de Francisco Franco, ministro de Gobernación y de Asuntos Exteriores. El apuesto Serrano cayó en desgracia política inmediatamente después del nacimiento de su hija Carmen, cuyo enorme parecido a su progenitor enceló a su mujer, Zita Polo y a la hermana de esta, Carmen Polo.

La mujer que más peso político adquiriría durante la Transición política de la dictadura a la democracia, dejando aparte a la reina Sofía de Grecia, sería con el tiempo Carmen Díez de Rivera, por su vinculación al presidente Adolfo Suárez como jefa de su Gabinete en Presidencia del Gobierno, donde vivió unos políticamente cruciales años aquella antigua alumna, de ojos clarísimos y gran belleza, del colegio de la calle de Juan Bravo.

Frente a este colegio vivió el cineasta Manuel Summers, que llevó a la pantalla algunos planos de este centro docente en su filme *Del rosa al amarillo*. El periodista Juan Luis Cebrián vivió en el arranque de la calle, concretamente en el número 13, no lejos del parque del Retiro durante su infancia y adolescencia.

Un segoviano valiente

Quien da nombre a esta preciosa arteria madrileña así «bulevarada» fue el segoviano Juan Bravo, uno de los prohombres del alzamiento de las ciudades castellanas contra el monarca Carlos I y también contra su arrogante valido, el clérigo Adriano de Utrecht. En el comienzo del siglo XVI, aquel áulico y fatídico tándem se propuso y consiguió aplicar la idea de acabar con los fueros medievales de las ciudades castellanas, aquilatados paulatinamente por los concejos locales a medida que, desde la reconquista contra los musulmanes, a partir del siglo X, se iban generando villas cuyas costumbres impregnaron desde entonces los hábitos cotidianos y, en ocasiones, quedaron codificadas en normas que establecieron amplias libertades ciudadanas; mediante ellas, que denominarían fueros, los lugareños se defendieron eficazmente a lo largo de siglos de la impostura de reyes, nobles y eclesiásticos, reservándose cuotas de caza, leña y cultivos fuera del alcance de la rapiña de los poderosos. En verdad, cabría repetir otrora aquello de que «el aire de las ciudades respira libertad», como rezaba el adagio medieval.

Pero las ínfulas del primer rey de la dinastía de los Habsburgo eran tan apremiantes como imparables, si bien para bajarle los irrespetuosos humos que traía desde su Gante natal, tras su arribada a la cántabra Santoña, capital naval de Castilla, un puñado de nobles, muchos burgueses y numerosos ciudadanos comenzaron a urdir la manera de plantar cara —y armas— al petimetre monarca.

Tras la conquista de la fortaleza vallisoletana de Torrelobatón, los comuneros, que así se llamaron los alzados contra Carlos, reclutaron huestes en Toledo, Ávila y Madrid. En la ciudad del Manzanares, la inquina contra el Rey tenía la particularidad local de que el monarca quería quedarse con el monte comunal de El Pardo, una joya cinegética y botánica —razonablemente bien conservada hasta nuestros días—, en la cual cazaban, recogían leña y pescaban los madrileños desde tiempo inmemorial.

Como siempre sucede en casos similares, el pueblo alzó pendones y mostró su bravura frente a la arrogancia regia, pero los nobles, que medrosamente se habían unido en un principio a los comuneros locales, cambiaron de bando y rindieron de ignominiosa manera el alcázar, que permanecía en manos de los alzados. La derrota de Villalar, sufrida a manos de las tropas imperiales por las huestes comuneras en abril de 1521, llevaría al cadalso a los valientes Bravo, Padilla y Maldonado. Los tres héroes castellanos, por cierto, tienen dedicadas calles contiguas en el barrio de Salamanca. En la de Maldonado, en su cruce con la vía dedicada al pintor de cámara de Felipe IV, Claudio Coello, se registró el 20 de diciembre de 1973 el asesinato en atentado con explosivos del almirante Luis Carrero Blanco, presidente del Gobierno y mano derecha de Francisco Franco, uno de los más importantes magnicidios de la historia de España, junto al sufrido por el general

Joaquín Prim i Prat en la madrileña calle del Turco, precisamente un 30 de diciembre, pero del año 1870. La calle de Núñez de Balboa, que pasa por ser una de las vías públicas de la llamada *gente bien*, arranca desde la de Alcalá, enfrente mismo del parque del Retiro y sube en paralelo a la de Velázquez, cortada perpendicularmente por la de Goya, donde se ubican otras dos estaciones del tren metropolitano. Es una calle inscrita en la cuadrícula del barrio de Salamanca, fruto del ensanche decimonónico que estiró Madrid hacia el norte y el noreste. Habitada por sectores de la burguesía media y alta, cuenta entre sus particularidades con dos importantes templos. El más amplio y vistoso de ellos, la iglesia de Nuestra Señora de la Concepción, situado en la esquina de esta calle con la de Goya, posee una cripta con dos alas, situadas ambas a unos siete metros de profundidad bajo las naves, donde se encuentran enterradas muchas de las personas que financiaron su construcción. Se trata de sepulcros de comienzos del siglo xx, historiados y no sin grandilocuente ornamentación, junto con otros de épocas posteriores. Y ello pese a que, desde la emisión de una pragmática que data del reinado de Carlos III, los enterramientos en templos estaban estrictamente prohibidos por razones de salud pública, ya que durante siglos, en sus postreras voluntades, muchos madrileños y madrileñas pedían ser inhumados en iglesias cuyas sepulturas ya en el siglo xviii no daban abasto para contener tantos despojos.

No obstante, tanto la iglesia de Nuestra Señora de la Concepción como la propia catedral de Nuestra Señora de la Almudena, en la calle de Bailén, siguen admitiendo enterramientos de este tipo, casi siempre de parroquianos, pero siempre de gentes de ingresos que pagan buenas sumas por sepultar en sendas criptas a sus deudos. Precisamente en la iglesia de la calle de Núñez de Balboa esquina con la de Goya, quizá la más importante del barrio de Salamanca, se encuentra enterrada Emilia Pardo Bazán, escritora naturalista, de origen aristocrático, que protagonizó un tórrido y dilatado romance con Benito Pérez Galdós tras su separación matrimonial. «Trapo viejo en el desván, Emilia Pardo Bazán», rezaba la cantinela reaccionaria, repetida en medios eclesiales, asignada a la escritora gallega vecina de la cercana calle de Claudio Coello cuando residió en Madrid. Y todo por su adscripción al naturalismo, otra de las corrientes literarias condenadas por las autoridades eclesiales.

No obstante, Emilia Pardo Bazán está enterrada en sagrado; además, su sepulcro, profusamente labrado, posee en su abombado lomo tres letras; «VOT». Estas siglas corresponden a la Venerable Orden Tercera —o Terciaria— franciscana, una congregación para seglares, de ancestral anclaje entre figuras literarias, desde el propio Miguel de Cervantes hasta Pedro Calderón de la Barca y otros, que también fueron miembros de esta asociación.

Resulta un enigma todavía vigente saber si en sus últimas voluntades la escritora prefeminista decidió o no enterrarse bajo las siglas de la orden seglar franciscana a la que, sin duda, por su origen de clase, perteneció en su juventud. En caso de que la escritora no lo hubiera decidido, no sería de extrañar que la inserción de las siglas hubiera procedido de alguna voluntad «piadosa», de esas que corrigen a su antojo todo tipo de designio, por muy postrero y solemne que lo sea.

Cuna y vecindario de próceres

Parroquianos de esta misma iglesia o vecinos de las calles aledañas fueron casi todos los próceres burgueses destacados del siglo XIX, como la misma Emilia Pardo Bazán, el propio marqués de Salamanca, el poeta Gustavo Adolfo Bécquer, así como también numerosos políticos y hombres de negocios de la centuria siguiente, como José Antonio Primo de Rivera, fundador de Falange Española, partido de corte fascista.

Por cierto, durante años en la calle de Núñez de Balboa, frente a la iglesia, tuvo su sede bajo el franquismo y décadas después la notaría de Blas Piñar Pérez, líder ultraderechista español —por cierto, propietario de una completísima biblioteca sobre libros marxistas— y fundador del partido Fuerza Nueva, cuyos militantes y cuadros se distinguieron por una defensa a ultranza del franquismo, un rechazo frontal hacia la democracia y, algunos de ellos, por actitudes de violencia contra personas e instituciones vinculadas a la izquierda política y sindical.

Uno de los guardaespaldas del notario Piñar, de apellido Lerdo de Tejada, fue juzgado como asesino convicto de cinco personas que trabajaban como abogados laboralistas en un despacho del sindicato Comisiones Obreras, en la calle de Atocha 55, acaecido en enero de 1977.

Lo que muy poca gente sabe y, desde luego, los miembros de aquel partido ultraderechista debieron desconocer, es que en la misma manzana donde se ubicaba la notaría y la sede de Fuerza Nueva, pero en la fachada que da a la calle de Velázquez, se encontraba por aquel entonces la sede de la *Gaceta de Derecho Social*, una publicación vinculada a los proscritos sindicatos de izquierda y al Partido Comunista de España.

Por otra parte, la esquina de Núñez de Balboa con la calle de Hermosilla es el enclave de una de las escasísimas iglesias protestantes de Madrid. Con su torre y sus muros de ladrillo, con rectángulos de revoco color crema, el templo luterano tiene actividad desde hace décadas. Precisamente, muy cerca del arranque de esta calle de Hermosilla con el paseo de la Castellana, se encuentra otro de los templos luteranos madrileños, en estilo neogótico con elementos ornamentales de inspiración rural germánica. Pertenece a la Iglesia Reformada Alemana y no dista mucho de la embajada de la República Federal, situada en el otro andén del gran paseo que limita por el oeste el barrio de Salamanca con el de Chamberí.

Igualmente, la calle de Núñez de Balboa fue el lugar elegido por el banquero Juan March, uno de los principales soportes financieros del general y dictador Francisco Franco, para edificarse un espléndido palacio de estilo francés que aún perdura en la confluencia de esta calle con la de José Ortega y Gasset, no lejos de la plaza del Marqués de Salamanca, título que ostentó José de Salamanca (Málaga, 1811-Madrid, 1883), banquero, político y pionero de las promociones inmobiliarias españolas, entre ellas la del barrio madrileño que lleva su nombre. El palacete March fue incautado durante la Guerra Civil por las Juventudes Socialistas Unificadas, donde la actriz Aurora Bautista, a la sazón una adolescente, militó y fue apresada al concluir la contienda. Posteriormente llegaría a ser una de las actrices más conocidas de los años cuarenta y cincuenta del pasado siglo.

También numerosos despachos de prestigiosos abogados,

registradores de la propiedad y notarios tienen sus sedes en edificios de esta calle, donde residió durante años la familia del industrial vasco Patricio Echevarría.

Metro Línea 2

Retiro, edén del pueblo madrileño

Éste es el nombre de la primera estación del ferrocarril metropolitano de la red madrileña que convirtió sus muros en espacios para exposiciones de fotografía, dibujo, pintura y có-

mic. Ello fue posible gracias a que se descubrió en su interior un espacio amplio, concretamente un andén de diez metros de anchura, cuyo origen databa de un primer proyecto que contemplaba situar en esa estación una bifurcación ferroviaria a través del barrio de Salamanca que, a la postre, nunca entró en funcionamiento. El caso es que el hallazgo sirvió para dedicar el espacio descubierto a la primera exposición sobre la propia historia del metro, sobre la cual existe más documentación particular que oficial.

Las dos bocas a la vía pública de la estación de Retiro van a dar al arranque de las calles de Claudio Coello, pintor de cámara del rey Carlos II en el último tercio del siglo XVII, y a la de Lagasca, famoso botánico aragonés de nombre de pila Mariano, comprometido una centuria después en inventariar la belleza y pluralidad vegetales de los dominios hispanos en América. Lagasca, que nació en Encinacorba (Zaragoza) en 1776, falleció en Barcelona en 1839.

Es el contiguo parque del Buen Retiro una isla de vegetación arbórea y floral incrustada en el centro de la ciudad, concretamente entre los barrios de Salamanca, Atocha, Jerónimos e Ibiza. En el vértice superior noreste del parque, bajo la sombra de la llamada torre de Valencia, se encuentra la cota más alta del interior de la ciudad, sobre la que se yergue un rascacielos ideado en los años setenta del pasado siglo por el arquitecto Javier Carvajal, fallecido en junio de 2013. Fue catedrático de Proyectos de la Escuela Técnica Superior de Arquitectura y experto en arquitecturas prefabricadas, además de excepcional interiorista, al decir de sus colegas.

El parque tiene a sus pies un pequeño montículo, conocido como «la Montaña de los Gatos», que oculta en el subsuelo manantiales desde los cuales el gran espacio vegetal del Retiro, ciento diecinueve hectáreas de extensión, fue irrigado durante los cuatro siglos de su existencia.

De reposo de reyes...

Repleto de historia, el parque madrileño fue inicialmente posesión monacal adscrita a la orden religiosa de los jerónimos, trasladados aquí, la zona más alta de Madrid, desde la baja ribera del distante río Manzanares, donde la orden religiosa, estrechamente vinculada a la Corona de España y con presencia también en Italia, tuvo inicialmente un monasterio que había sido mandado edificar por un valido real, Beltrán de la Cueva. El cenobio se encontraba cerca del paraje situado a los pies del hoy Palacio Real, el luego llamado Campo del Moro, donde se celebraban las justas o torneos caballerescos medievales.

En medio de esa promiscuidad de relaciones que singularizaba a algunas órdenes religiosas y a la Corona, los predios precursores del Retiro, que declinaban suavemente desde aquella cota alta de la Montaña de los Gatos hasta las riberas del ameno arroyo del Prado y que descendía a la sazón por el paseo que hoy lleva su mismo nombre, los monarcas decidieron erigir un sitio donde retirarse temporalmente en el curso de sus agitadas vidas. Allí remansarían sus existencias los reyes, reinas, infantes y nobles, llorarían a sus muertos —la mortalidad infantil golpeaba de manera inmisericorde los hogares, también los de la nobleza—, celebrarían Cortes y, con el tiempo, comenzarían a contraer nupcias en el bello templo de los Jerónimos, proyectado por Juan Guas en estilo gótico tardío, llamado isabelino, con algunos elementos precursores del plateresco, en los albores del siglo XVI.

Los monarcas decidieron situar a su vera el llamado Cuarto Real, en donde amenizarían sus asuetos entre un paisaje boscoso salpicado de instalaciones para su recreo, desde faisaneras, rocallas y laberintos, hasta callejones de pérgolas floridas y lagos y lagunas artificiales como el Estanque Grande. Tal fue el escenario donde los miembros casaderos de la Familia Real celebraron naumaquias, combates navales lúdicos con pequeños y suntuosos navíos, una suerte de coartada para desplegar todo tipo de cortejo amoroso y de intriga palaciega, entre otras gratificantes actividades.

Un gran canal, por donde tonteaban monarcas e infantes, recorría lo que hoy es el paseo de Coches, aproximadamente hasta la zona donde se encuentra la estatua del Ángel Caído, un hito decimonónico dedicado a Lucifer que, curiosamente, se encuentra situado en la cota de 666 metros, el llamado número diabólico o de la Bestia, según los escritos incluidos en el Apocalipsis de San Juan, apóstol favorito de Jesús de Nazaret.

También el teatro encontró acomodo en los jardines llamados entonces, siglo XVII, del Buen Retiro. Allí acudieron, señaladamente desde Italia y Francia, numerosos dramaturgos, coreógrafos, músicos, actores y actrices, cantantes, cómicos, atrezzistas, tramoyistas e iluminadores para realizar las numerosas representaciones teatrales a las que tan aficionados fueron los monarcas y cortesanos de aquel siglo y el consecutivo, donde la ópera cortesana alcanzaría máximo esplendor.

... a parque del pueblo

Posesión regia durante tres siglos, el Retiro fue siempre anhelado por el pueblo de Madrid, que pugnó desde tiempo inmemorial por disfrutar de la amenidad de su paisaje y el so-

laz de su arboledo bajo la inmisericorde canícula, mas sobre todo durante la primavera y el otoño, dos estaciones bellamente gratas en Madrid, por el verdor vegetal que tapiza el parque y las bellísimas penumbras que cincelan su atmósfera pura gracias al oxígeno que regalan sus arboledas y parterres.

Aquel anhelo del pueblo de Madrid por gozar de tan cercano parque, entonces más bosque que jardín, no pudo verse satisfecho hasta la segunda mitad del siglo XIX, más precisamente, en el arranque de la revolución antimonárquica de 1868. Fue entonces cuando, tras el destierro ya perpetuo de Isabel II, el parque pasó a ser propiedad municipal y abrió sus puertas a madrileños y forasteros, si bien algunas zonas del confín noreste del Retiro permanecieron aún sin acceso al público durante algunas décadas.

Sin embargo, el parque se encontraba todavía muy dañado por la instalación en sus predios, en los primeros años de aquel siglo, de las tropas francesas de Napoleón Bonaparte, que establecieron su cuartel general, fortificado en un baluarte de planta estrellada, llamada Vauban, en la zona meridional de su ámbito, entre el Observatorio Astronómico, ideado por el arquitecto Juan de Villanueva, constructor del edificio del Museo del Prado, y el hoy monumento al Ángel Caído y, entonces, Real Fábrica de Cerámica. Este complejo fabril, donde destelló uno de los genios de la cerámica de todos los tiempos, el mallorquín Bartolomé de Sureda, retratado en su día por Francisco de Goya, quedó destruido tras los combates en torno suyo librados entre las tropas del general británico lord Wellington, duque de Ciudad Rodrigo, primer laureado con la Gran Cruz de San Fernando, y las napoleónicas, acantonadas entonces en el Retiro en la última fase de la Guerra de la Independencia.

Se ha sugerido que la completa destrucción de la fábrica a manos de los artilleros ingleses, que, según algunos historiadores, podía haberse evitado, pudo haber formado parte de una actitud premeditada por parte de los atacantes, ya que su industria ponía en peligro la potente impronta de las manufacturas cerámicas británicas de Wedgeworth, inconfundibles por sus tonalidades azuladas. Empero, y por encima de tal especulación, es preciso reconocer el gesto de varios miles de jóvenes ingleses, enrolados en aquella guerra, que generosamente entregaron sus vidas en suelo español para liberarlo de la impostura napoleónica, hecho que por su extraordinario significado prima sobre las persistentes ínfulas hegemónicas de Inglaterra sobre España, como la mera contemplación de la historia demuestra.

Recientemente, a una distancia de algo más de un kilómetro lineal de la antigua fábrica real de porcelana del Buen Retiro fueron halladas varias toneladas de fragmentos de cerámica en el subsuelo de uno de los campos de fútbol del Colegio Santa María del Pilar, en el llamado barrio del Niño Jesús contiguo al parque del Retiro, durante la excavación de un gran estacionamiento subterráneo. Aquellos restos cerámicos, un contingente disperso formado por muchas toneladas de vasos, vasijas, ánforas, cráteras y otros objetos de menaje, que podrían haber permitido reconstruir una parte de la historia de tan interesante e histórico complejo fabril, fueron transportados sin apenas examen de las autoridades regionales para servir como cimentación de escombro para un polígono industrial en construcción situado en la carretera de Toledo.

El gran parque del Retiro se encuentra hoy jalonado por estaciones de metro en sus cuatro costados: su homónima más las de Ibiza, Menéndez Pelayo, Atocha, Banco de España y Príncipe de Vergara.

Metro Líneas 2 9

Príncipe de Vergara, la fama sobrevenida

Joaquín Baldomero Fernández Álvarez Espartero, más conocido como Baldomero Espartero, de extracción social humilde, militar de oficio y ambicioso en extremo, llegaría a ser uno de los personajes más influyentes del siglo XIX, tanto que cosecharía el título de príncipe de Vergara, se desempeñaría como regente y oficiaría, pese a sus limitaciones, como gran artífice político.

Su nombre bautiza asimismo la estación de metro homónima, cuya boca sale a la calle de Alcalá a la altura de la avenida que lleva igualmente su nombre y que, en su día, desde 1939 a 1980, fue dedicada al general Emilio Mola, cubano de nacimiento, director general de Seguridad durante la Segunda República, contra la que conspiró y preparó, en plan dirigente, el golpe de Estado militar que llevaría a Franco al poder; empero, no contempló la entronización de su compañero golpista, pues murió en un raro accidente aéreo ocurrido en junio de 1937 en Alocero, en la provincia de Burgos, durante la Guerra Civil. Entre 1936 y 1939, la gran avenida se llamó del Dieciocho de Julio, ya que, en el bando republicano, aquella fecha marcó el comienzo de la resistencia contra el golpismo.

Baldomero Espartero (Granátula de Calatrava, 1792-Logroño, 1879), investido príncipe de Vergara por la reina Isabel II con la que había colaborado estrechamente y contra la cual también conspiró, pasó a la historia como el hombre que precisamente en la localidad vasca de Vergara, con un abrazo con el general Maroto, puso fin político y militar a una de las cuatro guerras civiles inducidas por el carlismo. Fue ésta una corriente política muy reaccionaria —Dios, Patria y ley Vieja era su lema— que reivindicaba para sus dinastas, pertenecientes a la familia borbónica, la Corona de España, invocando la Ley Sálica, norma también borbónica que vetaba el acceso de las mujeres al trono. Fernando VII quiso que reinara su hija Isabel, propósito al que se opuso Carlos María Isidro, hermano del monarca, desterrado con él a Francia por orden de Napoleón Bonaparte durante el preludio y la invasión napoleónica de España, entre 1808 y 1813. También el legitimista Carlos María Isidro besó la mano del emperador corso durante aquel ominoso secuestro que retuvo a la Familia Real española en la localidad francesa de Bayona.

Curiosamente Karl Marx, el pensador alemán mentor principal del comunismo en el siglo XIX, en un libro en el que recopiló una decena de reportajes de trasunto español publicados en Nueva York, texto tan desconocido como relevante titulado *Revolución en España*, atribuyó potencialidades revolucionarias —hoy aparentemente incomprensibles— al carlismo, considerado la quintaesencia de la reacción clerical y conservadora; no obstante, de esta corriente doctrinaria saldría una parte importante del núcleo fundacional de la organización independentista vasca Euskadi Ta Askatasuna, de autoproclamados perfiles revolucionarios.

El general Baldomero Espartero había desplegado sus dotes militares cosechando, paradójicamente, distintas derrotas, sobre todo en América del Sur. Allí fue enviado para sofocar los chispazos independentistas sobrevenidos a partir de los albores del siglo XIX, al rebufo de la Guerra de la Independencia en España librada contra Napoleón. Pertenecía Espartero a los militares denominados «ayacuchos», por haber sido este enclave del Perú escenario de una decisiva batalla —más precisamente una derrota de las tropas españolas frente a las locales— de donde arranca el incesante proceso emancipador suramericano respecto de la metrópolis hispana y que culminaría en 1898 con la pérdida de Cuba y Filipinas, término e hito histórico de la fase imperial iniciada por España en 1492, en su encuentro con América.

Una calle muy señorial

El general Espartero, que fue propuesto como regente de Isabel II, es célebre en el Madrid de hoy gracias a una bella estatua ecuestre que le representa cerca de la confluencia de las calles de Alcalá y Velázquez, enfrente mismo de la fachada norte del parque del Retiro. La calle que hoy lleva su nombre es una de las más señoriales de la ciudad, por la suntuosidad de sus edificios, morada o despacho de numerosos aristócratas y banqueros, como el mallorquín Juan March; albergue de importantes centros de enseñanza como el Colegio del Pilar, vivero de la burguesía ilustrada madrileña, o el de Nuestra Señora de Loreto, donde se educaron numerosas generaciones de niñas y adolescentes de la burguesía local; y, además, sede de varios centros oficiales como en su día el Instituto Nacional de Industria, el Ministerio de Asuntos Exteriores o las fundaciones Juan March y Elcano, dedicada esta última al estudio de la política exterior española.

Precisamente en el número 38 de la calle, en un edificio de grandilocuente arquitectura, tuvo su domicilio Ramón Serrano Súñer, uno de los personajes de mayor importancia política como constructor y teórico del aparato jurídico estatal del naciente régimen fascista de su cuñado Francisco Franco Bahamonde; pese a las credenciales que le otorgaban el ser marido de Zita Polo, la hermana de la esposa de Franco, como tal alarife político Serrano sería apartado del poder en 1942. En un portal cercano al de la vivienda de Serrano Súñer ha tenido también su casa Luis Bárcenas, quien saltara a la nombradía pública en su condición de tesorero, gerente y senador del Partido Popular, al que se le descubrieron cuentas a su nombre en Suiza por valor de cuarenta y ocho millones de euros en uno de los escándalos de corrupción más sonados de la historia contemporánea española.

En la contigua plaza del Marqués de Salamanca, que muestra en su centro una orgullosa figura del prócer que da nombre a esta encrucijada urbana entre las calles de Ortega y Gasset y Príncipe de Vergara, se alza un edificio de gran belleza. Fue, en su día, morada de la marquesa de Sevillano, una de las más ricashembras de la historia de Madrid y de España. Ese palacio, que estuvo inicialmente ubicado en el arranque de lo que sería la Gran Vía, fue trasladado piedra a piedra hasta su actual enclave. Tiene la fachada en piedra, del estilo de las que se yerguen en los mejores edificios de cubierta amansardada de los *faubourgs* parisienses, suavemente combada, en piedra, con luminosos ventanales velados siempre por caros cortinajes. La marquesa, que tuvo tierras y fábricas en el área de Vicálvaro, de donde procedía la fortuna de su esposo, impulsó la erección de un grandioso edificio muy cerca de la plaza del Marqués de Salamanca, en estilo neogótico, que en su día fue asilo de niñas y adolescentes huérfanas y que hoy da cobijo al Colegio del Pilar, donde estudió la fracción de la burguesía madrileña que dirigió desde Madrid, al igual que lo hicieron otras fracciones burguesas desde Barcelona y Bilbao, la política española durante la postransición de la dictadura de Franco a la democracia.

Llegando a Chamartín

La calle del Príncipe de Vergara se prolonga en dirección surnorte hacia Chamartín, y en su trazado cuenta con importantes hitos culturales, como el Auditorio Nacional de Música y

la Junta Municipal del Distrito, un edificio de estilo nórdico único en Madrid, junto a la estación de metro de Cruz del Rayo. Se trata de un área urbana que, hasta bien entrados los años setenta del siglo xx, cobijaba algunos acuartelamientos dispersos, con zonas de desmontes y cuevas muy visibles. La avenida fue prolongada y edificada con bloques destinados inicialmente a residencias militares.

En noviembre de 1962, en las inmediaciones de la avenida llamada aún entonces del General Mola, más precisamente en la cafetería Galaika de la denominada en aquel tiempo glorieta de Julio Ruiz de Alda en honor a un destacado falangista, fue reducido, tras ser detenido en un autobús, el dirigente comunista clandestino Julián Grimau, cuya ejecución por fusilamiento —en los albores de una campaña franquista consagrada a unos supuestos veinticinco años de paz desde la Guerra Civil de 1936-1939— causó un escándalo de alcance internacional. Y ello después de que Grimau quedara gravemente herido tras ser arrojado desde una ventana de la Dirección General de Seguridad, en la Puerta del Sol. La sentencia a muerte fue firmada, entre otros ministros, por Manuel Fraga Iribarne y ejecutada el 20 de abril de 1963 pese a los ochocientos mil telegramas y los centenares de peticiones de indulto recibidas en el palacio de El Pardo, sede del dictador, algunas de ellas enviadas desde la Secretaría de Estado del Vaticano y otras desde el Partido Demócrata estadounidense del entonces flamante presidente John F. Kennedy.

La avenida del Príncipe de Vergara culmina en una serie de glorietas, como la de la República Dominicana, donde en la primavera de 1986 se registró un atentado terrorista perpetrado por ETA en el que murieron una decena de guardias civiles que viajaban en un autobús procedente de un acuartelamiento situado en la misma vía. Desde este mismo acuartelamiento, el 23 de febrero de 1981, partieron los autocares con guardias civiles cooptados con engaños por el teniente coronel Antonio Tejero para tomar por las armas el Congreso de los Diputados en el intento de golpe de Estado perpetrado entonces.

Línea 5

Rubén Darío, palabras de malaquita

El poeta nicaragüense Rubén Darío, enamorado de España, presente en escritos poéticos como su «Oda a Roosevelt», «Letanía de nuestro señor don Quijote» o «Salutación del optimista», visitó y residió en Madrid en numerosas ocasiones, en la bisagra del cambio de centurias entre el siglo XIX y el XX. Uno de sus domicilios estuvo en el número 23 de la calle de Serrano y otro en Alfonso XII, en la esquina de la calle de Juan de Mena, donde se hallaba emplazado el Consulado General de Nicaragua. El vate y diplomático centroamericano da nombre a una estación de ferrocarril metropolitano que tiene sus bocas o salidas a una bella plaza, donde van a cruzar las calles de Miguel Ángel, Almagro y Eduardo Dato, ésta a su vez prolongación de la calle de Juan Bravo, que muere en un paso elevado que lleva el nombre de un ministro de Franco, De la Mata Gorostizaga, que dirigiría la Cruz Roja, cuya sede, durante muchos años, ha estado situada en una edificio de fachada caliza ubicado en la misma plaza de Rubén Darío.

Debajo del mencionado paso elevado se halla un museo urbano de esculturas al aire libre de gran calidad, único en España, con piezas de arte abstracto de gran formato, algunas de ellas surgidas de talleres como el de Eduardo Chillida o el de Alberto, escultor republicano que vivió y murió exiliado.

Por cierto, en la localidad madrileña de Colmenar Viejo existe un museo al aire libre, más abstracto todavía, porque está formado por un centenar de piedras de diferente composición geológica también de gran tamaño, pero procedentes de las numerosas canteras que jalonan el término municipal de la población, uno de los más ricos en materiales pétreos de toda España. La idea de crear esta exposición al aire libre procede de un joyero y gemólogo que vive en las inmediaciones de la plaza de toros colmenareña, en cuyos aledaños se sitúa el museo. Colmenar Viejo posee, por cierto, algunas de las ganaderías de reses bravas más renombradas del centro de España.

En cuanto al museo al aire libre bajo el paso elevado sobre el paseo de la Castellana de Madrid, fue a su vez montado sobre la antigua calle de Martínez de la Rosa. Dado su retorcido trazado, como al parecer lo fue el barroco verbo del político liberal y parlamentario decimonónico, Francisco Martínez de la Rosa, la vía pública de su nombre fue llamada por los madrileños y madrileñas «calle de la S». Conectaba la de Serrano con el paseo de la Castellana. En esa misma vía pública tuvo Radio Nacional de España una de sus principales sedes, así como su economato, un tipo de comercio de instituciones oficiales dedicado exclusivamente a los miembros del cuerpo administrativo correspondiente.

Capital del sandinismo

Poca gente sabe que Madrid, la ciudad más amada por el más grande poeta centroamericano de todos los tiempos, Rubén Darío, fue en las postrimerías de los años setenta del pasado siglo capital en el exilio de la revolución nicaragüense antisomocista. Los Somoza compusieron una saga dictatorial centroamericana, que cobró nombradía internacional cuando el presidente estadounidense Teodoro Roosevelt dijo del primer dinasta bananero, Anastasio: «Es un hijo de puta, pero es nuestro hijo de puta», en referencia al padrinazgo político que el poder imperial estadounidense ejercía sobre él. En los años sesenta, otro de sus vástagos, *Tachito*, se hizo célebre por haberse quedado para comerciar con la multimillonaria ayuda mundial enviada a Nicaragua tras sufrir el atribulado país un enorme terremoto que devastó completamente Managua, «la capital del país que más poetas posee por metro cuadrado», según bromean los propios nacionales.

En el preludio del derrocamiento del dictador Anastasio Somoza, cruzarían reiteradamente por Madrid periodistas como Melva Paniagua y Pablo Antonio Cuadra; escritores como Sergio Ramírez, luego vicepresidente, o Gioconda Belli, y los políticos Tomás Borge, Violeta Chamorro, Jaime Wheelock y Edén Pastora, entre otros, casi todos ellos y ellas futuros altos cargos del nuevo Estado antidictatorial inspirado en el sandinismo. Fue ésta la doctrina del libertador Augusto César Sandino (1895-1934), que combatió la presencia estadounidense en su país, invadido por tropas enviadas allí por Washington. Sin éxito mientras vivió Sandino, Estados Unidos intentó aplicar en Nicaragua una política imperial a base de mercenarios, pagados también por compañías fruteras que anhelaban adueñarse de las ricas producciones locales.

Un Schlinder en Madrid

Otro de los moradores de la madrileña plaza de Rubén Darío, justo en el edificio que se encuentra situado frente a la estación de metro del mismo nombre, fue un ciudadano francés, Jean Sourdeau, establecido en Madrid desde la Guerra Civil y que trabajó en el despacho de una empresa hidráulica del edificio ducal que jalona la zona septentrional de la plaza. En plena Segunda Guerra Mundial, cuando la embajada francesa en Madrid asistía a una guerra interior a muerte entre partidarios de Vichy, el régimen pro nazi del mariscal Petain y los partidarios enfrentados de De Gaulle y François Giraud, Jean Sourdeau, de manera silenciosa y desplegando enorme valentía, realizaba una de las gestas humanitarias más desconocidas y admirables de cuantas se llevaron a cabo clandestinamente desde Madrid durante aquella cruel contienda mundial: la evacuación de miles de civiles y militares franceses que huían del nazismo a través de los Pirineos.

La proeza de Sourdeau y la red de escape que dirigía contaba con el valor añadido de sortear la presencia en la cadena montañosa fronteriza francoespañola de una división alpina nutrida por soldados austriacos y bávaros de las SS nazis asentados en Pau, que peinaban de manera sistemática el osmótico y accidentado territorio limítrofe, donde la Resistencia francesa, nutrida a su vez por combatientes republicanos españoles, sobre todo comunistas, filtraba cuantas personas podía hacia España. Lo hacía con miras a que prosiguieran viaje hacia el Norte de África o hacia América del Sur. Al finalizar la segunda gran conflagración mundial, Sourdeau, cuyo heroísmo fue reconocido por las autoridades democráticas francesas, quiso pasar inadvertido y prosiguió su vida como experto técnico vinculado a una empresa industrial afincada en España. Curiosamente, muy cerca de la calle de Eduardo Dato —llamada entonces paseo del Cisne—, que arranca de la plaza de Rubén Darío, tuvo su sede la delegación en España de los sindicatos del Tercer Reich, contra el cual Sourdeau y otros miles de resistentes franceses y españoles tan valientemente combatieron.

El Madrid navarro

Fallecido en Madrid en la primavera de 2011, las exequias de Jean Sourdeau se conmemoraron en la iglesia de San Fermín de los Navarros, de la calle de Eduardo Dato.

Por cierto, en este templo se celebra cada año la festividad del patrón cristiano pamplonés, francés de nacimiento. En una de tales conmemoraciones se produjo un gravísimo episodio que puso en peligro la integridad de centenares de navarros y navarras que festejaban San Fermín: el encargado de disparar las decenas de cohetes al aire con los que se acostumbra inaugurar el festejo, inopinadamente inclinó los proyectiles, ya con sus mechas en ignición, y éstos cruzaron velozmente a menos de un palmo de distancia de las cabezas de los centenares de asistentes que

abarrotaban el atrio y las inmediaciones de la iglesia. Sin embargo, uno de los cohetes fue a dar al cuello del párroco, cuyas lesiones se curaron inmediatamente.

Su rápida curación y el hecho de que lo sucedido no se transformara en tragedia fue atribuido por los navarros más religiosamente fieles a sus tradiciones a lo que los pamploneses denominan «el capotillo de san Fermín», es decir, el milagroso amparo del santo a los corredores que surcan delante de los toros bravos las calles de Pamplona, a partir del 7 de julio y durante una semana de cada año.

Los navarros afincados en Madrid complementan su evocación de san Fermín con una tradicional romería que celebran anualmente el mes de febrero a Nuevo Baztán, un pueblo de la cerealera comarca sureña de Madrid próxima a Campo Real. El enclave es conocido por algunos como El Pequeño Escorial. Sobre esta aldea de agricultores construyó palacios, iglesias y factorías un prócer, banquero y empresario ilustrado muy vinculado al rey Felipe V de Borbón, al que abasteció durante la Guerra de Sucesión librada por el francés contra el archiduque de Austria en los albores del siglo XVIII.

El prócer, llamado Juan de Goyeneche, procedía del valle navarro del Baztán y quiso desarrollar una serie de empresas fabriles de vestimenta, alimentos, armas y artesanías en el poblado, que contaba con agua en abundancia y recursos agrícolas suficientes para alimentar una población agroindustrial. Goyeneche fue el titular del edificio proyectado en 1710 por Benito de Churriguera para albergar su morada, una de las más suntuosas del Madrid de la época y que alberga, desde 1773, la sede de la Real Academia de Bellas Artes de San Fernando, en el número 13 de la calle de Alcalá. La institución académica había estado emplazada anteriormente en la Casa de la Panadería de la plaza Mayor. Desde la balconada de este recinto, que ocupa la primera planta del edificio, los reyes de la dinastía de Austria asistían a distintos actos celebrados allí: autos sacramentales, corridas y alanceamiento de toros bravos, ceremonias religiosas e, incluso, autos de fe seguidos de ejecuciones cuya aplicación se desplazaba hacia una zona despoblada situada en lo que hoy sería el área de Arapiles.

Metro Líneas 7 10

Gregorio Marañón, humanista del siglo xx

La estación de metro de Gregorio Marañón, lleva el nombre de un prestigioso médico que ejerció su magisterio en Madrid, donde había nacido en 1887. Vivió en la plaza que igualmente lleva hoy su nombre entre 1943 y la fecha de su muerte, el 27 de marzo de 1957. Su entierro fue uno de los hitos de asistencia pública más numerosa en la historia de la ciudad, junto con el de la afluencia registrada en enero de 1977 al entierro de los abogados laboralistas de Atocha, y en enero de 1986 al sepelio del primer alcalde socialista tras la Guerra Civil, Enrique Tierno Galván, soriano originario de Valdeavellano de Tera.

Gregorio Marañón Posadillo se distinguió como pensador que dedicó buena parte de su vida a la investigación y divulgación de la Medicina mediante el estudio de personajes históricos sobre los que proyectaba sus vastos conocimientos en la forma de ensayos. Entre los personajes tratados por Marañón, destacaron monarcas y prohombres de la política como Enrique IV de Trastamara, objeto de un ensayo biológico suyo, o el conde duque de Olivares, valido del rey Felipe IV, sobre el cual escribió un tratado que subtituló: *La pasión de mandar*.

Erudito, pero caritativo

El renombrado médico gozó de mucha popularidad gracias al ejercicio gratuito de la Medicina, desde la presidencia honoraria de la Beneficencia Provincial, que desplegó entre personas carentes de recursos en su consulta, una de las más prestigiosas de Madrid. Él había sido discípulo del histólogo y Premio Nobel de Medicina Santiago Ramón y Cajal, que tuvo su morada en la calle de Alfonso XII, frente al Observatorio Astronómico y muy cerca de la estación de metro de Atocha Renfe. Por cierto, Ramón y Cajal, de origen aragonés, mostró desde su adolescencia una afición extraordinaria hacia la fotografía, que sería una de las principales herramientas científicas para desarrollar sus conocimientos sobre el mundo de los tejidos celulares, que estudió intensiva y extensivamente a lo largo de su vida.

Marañón, titular de la cátedra de Endocrinología de la Universidad Complutense, aunó en su persona la condición de académico múltiple, pues las Reales Academias de Medicina, Historia, Bellas Artes, Ciencias y la Española lo integraron en sus cuadros colegiales. Asimismo, cobró gran renombre por su apoyo inicial al advenimiento de la Segunda República, junto con intelectuales de la talla de José Ortega y Gasset, Gaspar Gómez de la Serna y otros muchos, si bien con posterioridad al desenlace de le Guerra Civil, Marañón, que durante la contienda se había refugiado en París mientras un hijo suyo combatía como alférez provisional en el bando franquista, se reintegraría, como aquéllos, en la vida universitaria y académica, reconducida bajo el franquismo tras la eliminación de «elementos subversivos», según la jerga al uso de la posguerra, mediante sangrías represivas que se cebaron especialmente en las facultades de Medicina, donde las llamadas depuraciones vaciaron numerosas cátedras. En la enseñanza primaria y en el bachillerato, las purgas represivas habían comenzado con la Guerra Civil, donde miles de maestros fueron represaliados, muchos de ellos eliminados, meramente por su condición de liberales o progresistas.

Muy vinculado a la ciudad de Toledo, donde fue propietario de un excelente cigarral, el tipo de finca propiamente toledana, Gregorio Marañón investigó y describió la figura del pintor Domenico Theotocopuli, *el Greco*, y escribió numerosos artículos y ensayos sobre la imperial ciudad del Tajo. Asimismo, convirtió su ensayo sobre Antonio Pérez en un clásico de las biografías de personajes históricos: quien fuera secretario de Felipe II tuvo un papel de extraordinaria importancia en la impugnación del monarca de la Casa de Austria, tras fugarse a Aragón. Allí, el apoyo recibido de su Justicia, Juan Lanuza, que invocó fueros de asilo para acogerle, causaría la muerte por ejecución de la máxima autoridad aragonesa de su tiempo, idolatrado luego por los escritores románticos alemanes fascinados con la España de los Habsburgo, a la que se aproximaron literariamente con un evidente bagaje de prejuicios ideológicos.

Antonio Pérez, hijo de Gonzalo Pérez, secretario de Carlos I, estaba al tanto de casi todas las principales redes administrativas, tramas políticas y maquinaciones urdidas desde el corazón de la corte de Madrid. Acusado junto con la princesa de Éboli de complicidad en la muerte del influyente cortesano Juan de Escobedo dentro de una conjura palaciega, Pérez cayó en fulminante desgracia. Para eludirla, tras refugiarse en la llamada Casa de Cisneros de Madrid, situada a la espalda de la Casa de la Villa, en la plaza donde residió el Ayuntamiento madrileño, huyó primero a Aragón y posteriormente a Francia, país en el que escribió su obra *Norte de príncipes, privados, presidente y embajadores*.

Secretos en la Biblioteca

Los informes de Antonio Pérez, que murió en Francia en 1611, fueron codiciados por la corte de Inglaterra, a la sazón rival de la España filipina, que montó todo un aparato de espionaje en torno a los puertos españoles para hacerse con la hegemonía naval europea, a la sazón también mundial. Para ello aprovechó en gran medida los conocimientos de Antonio Pérez sobre las interioridades de la monarquía hispana. Aquel propósito de horadar la hegemonía española sobre Europa y precipitar su pérdida fue una obsesión de la Corte de San Jaime. Uno de sus primeros mentores fue sir Francis Walsingham, valido de la reina Isabel I de Inglaterra, a quien la corte de Madrid atribuyó siempre dosis elevadas de perfidia.

Durante varios siglos, el espionaje británico había estado empleando como libro de claves un rarísimo manual denominado *De Stenographia*, extraño texto escrito en el siglo xv por un abad del monasterio alemán de Spannheim. A lo largo de varias centurias se pensó que el volumen que manejaba el controlador máximo del espionaje inglés era una pieza única. Sin embargo, otro ejemplar de tal libro permanece depositado desde tiempo inmemorial en los anaqueles de la Biblioteca Nacional, en el paseo de Recoletos de Madrid, enclave de una estación de la importante red madrileña de trenes de cercanías.

En el interior del imponente edificio, proyectado por el arquitecto Francisco Jareño e inaugurado en 1850, una tarde del invierno de 1990, durante una consulta bibliográfica rutinaria sobre otro tema, el autor de este libro halló por casualidad el excepcional manual de claves del espionaje inglés en uno de los catálogos que atesora la magna institución cultural. De haberse sabido que tan extrañísimo ejemplar, escrito con casi indescifrables trazos y consistente en un tratado sobre algo remotamente semejante a la taquigrafía, encriptaba los mensajes de los espías de la Corona del Reino Unido y permitía su descodificación, la historia española, la europea y, por extensión, la del mundo, hubieran seguido sin duda otros derroteros.

El rastro de Da Vinci

Por cierto, de una forma semejante, la Biblioteca Nacional mostró la riqueza de sus fondos cuando en el arranque de los años sesenta del siglo XX, un investigador estadounidense halló entre sus anaqueles valiosísimos dibujos y notas manuscritas autógrafas surgidas de la pluma de Leonardo Da Vinci, el genio italiano que previó, entre otras muchas invenciones, la del automóvil, el autogiro y el paracaídas, invento éste precedido de un formidable estudio anatómico. En su descargo, los bibliotecarios españoles dijeron entonces que tenían constancia de la existencia de tan caro legado en los archivos de la Biblioteca Nacional.

Como dato curioso sobre la versatilidad del ingenio de Leonardo, cuya única presencia literaria se halla en ese conjunto de textos llamado por los expertos *Códice de Madrid*, algunos historiadores de la gastronomía cuentan que a él se debe el hallazgo de la mezcla de sabores de la anchoa con la aceituna, previo el deshuesado de ésta. Y ello debido a que, entre otros muchos cometidos, Da Vinci fue aposentador de los poderosos *condottieros* milaneses, a los cuales él, dotado de espléndida elegancia natural, enseñaría a comer y a comportarse públicamente mediante unas normas básicas de urbanidad, cortesía y protocolo.

Se sabe que era costumbre entre aquellos poderosísimos jefes político-militares de hábitos bárbaros orinar y defecar bajo la misma mesa sobre la que comían, hábito que Leonardo erradicó. Asimismo, les aconsejó que, durante su asistencia a banquetes, se sentaran frente al acceso, para prever atentados a daga, tan frecuentes en la tumultuosa Italia de fines del siglo XV y comienzos de la centuria siguiente.

Un importante nexo de Da Vinci con España fue, por cierto, su potente instinto mimético a la hora de trasladar a la fortificación de un puerto italiano, que le había sido encomendada, la cultura poliorcética desplegada por ingenieros españoles en castillos pirenaicos sobre tierras francesas mandados edificar allí por Fernando el Católico como baluartes defensivos, que hallaron su expresión suprema en España en el castillo de La Mota, en Medina del Campo.

Infausto recuerdo

La plaza de Gregorio Marañón alberga un conocido hotel de lujo que en los años noventa del pasado siglo fue escenario de un horroroso crimen: un ciudadano estadounidense descuartizó en su habitación a una prostituta. Muy cerca del hotel se encontraba el edificio de la embajada de Japón en España, posteriormente dedicado a albergar la sede de la Diputación, luego el Gobierno Civil y, en la actualidad, la Delegación del Gobierno.

Metro Línea 2

Banco de España, el tesoro escondido

Uno de los enclaves subterráneos de Madrid más intrincados se encuentra bajo la plaza de Cibeles, donde se ubica una céntrica estación de metro. Cuenta con tres salidas a la calle de Alcalá; una que va a dar al palacio de Buenavista, sede del Cuartel General del Ejército, donde su guardia ofrece un espectacular relevo, y otras dos que dan al propio banco.

Inicialmente, y hasta los años sesenta del siglo XX, para sorpresa de muchos, éste fue un banco privado o, mejor, no nacionalizado, llamado de San Carlos. Su mole decimonónica muestra cubiertas amansardadas, torreón con reloj de culto, una primera planta noble jalonada por tulipas y una base de *brugnato*, ese faldón pétreo al modo italiano que sirve de zócalo a los mejores edificios desde el siglo XVIII en adelante. El edificio, que siempre estuvo dedicado a la actividad bancaria y que se levantó sobre predios del duque de Sesto, fue ideado en 1884 por los arquitectos Eduardo Adaro y Severiano Sainz de la Lastra, pero en numerosas ocasiones ulteriores se ha visto transformado por otros alarifes, como por ejemplo José Yarnoz, y, en nuestros días, por Rafael Moneo, que añadió un ala tras derruir un palacio esquinero entre las calles de Alcalá y Marqués de Cubas que había sido inicialmente hotel.

Un mundo subterráneo

Pocas personas saben que los raíles del tren suburbano cuentan con otros raíles más hondos aún pertenecientes a un pequeño tren igualmente soterrado en el cual se trasladaban valores y efectos bancarios por una casi desconocida línea férrea interior. Esta línea conecta desde luego con los depósitos del banco, situados siete plantas más debajo de la cota del suelo, como rezan las indicaciones de un ascensor que desciende hasta la entraña misma del subterráneo paraje.

El hueco que permite el tránsito del más concurrido vehículo de desplazamiento vertical que se conoce, el ascensor, tuvo —¿y quizá tiene aún?— una función adicional: la de ser susceptible de inundarse con el agua del arroyo de la Castellana, que surca el paseo de su nombre y atraviesa la plaza de Cibeles en dirección a Atocha y el río Manzanares, donde, alcantarillado a lo largo de su trayecto, desemboca. La inundación sobreviene cuando determinadas alarmas dan la señal de alerta.

Otra característica de los depósitos subterráneos del Banco de España la componen sus puertas de acceso en acero blindado plateado y oxidable, sí, oxidable, que requieren constantes baños de vaselina para garantizar su hermetismo, menos riguroso en el acero inoxidable. Fueron fabricadas en Pittsburg (Estados Unidos) y poseen un espesor superior al medio metro.

Una vez abiertas las imponentes cancelas, el o la visitante se adentra en un espacio de atmósfera arcaica custodiado por recelosos vigilantes de compañías privadas que escrutan de arriba abajo a la persona recién llegada. Miradas con sospecha añadida acompañan su visita, que inmediatamente obliga al intruso o intrusa a elevar la vista ante techos de unos diez metros de altura donde se ubican enormes estanterías pintadas de color verde oscuro mate.

En sus estantes, se distinguen algunas indicaciones que se hacen poco a poco más nítidas y puede verse el verdadero tesoro que oculta el banco en sus entrañas: decenas de miles de monedas de diez dólares en plata y oro, fruto de ventas de Estado negociadas en tratos casi siempre secretos con poderosos Gobiernos, como el norteamericano, en cuyo territorio, más precisamente en Fort Knox, se guarda la parte del león del renombrado contingente de lingotes. La áurea leyenda de estos lingotes estuvo durante años en boca de muchas personas que se escandalizaban porque tan dorado botín se hallara en Moscú, fruto de unos acuerdos de adquisición de armas entre Josif Stalin y la Segunda República española, desconociendo que en realidad se hallaban en los sótanos de la fortaleza estadounidense del estado de Kentucky.

No obstante, cabe ver un reducido contingente de lingotes de oro, cada uno de ellos de doce kilos de peso, veinticinco centímetros de longitud y de un brillo tenue singularísimo. Presentan una particularidad inquietante: sobre sus lomos puede verse tachonada la esvástica, la cruz solar de origen, para unos, cretense, para otros, enraizado en las viejas culturas indias, que sirvió de emblema al Partido Nacionalsocialista de Adolf Hitler. Los lingotes así sellados proceden de la venta a la Alemania hitleriana de wolframio zamorano, salmantino y extremeño para la fabricación de armas, que el dictador austroalemán, nacido en la villa fronteriza de Braunau en 1890, pagó en oro contante y sonante a su aliado Francisco Franco. El wolframio, que fue disputado también en suelo español por ingleses y norteamericanos durante la Segunda Guerra Mundial, cuenta con un alto punto de fusión que lo convierte en un mineral inmejorable para la construcción de armas de cañón y blindajes. Su papel vendría a ser sustituido hoy en aquellos mismos usos por el titanio.

Hogar de un poderoso caballero

Salir del hondo foso que guarda los secretos monetarios del Estado produce cierto alivio, sobre todo al transitar por los espaciosos pasillos que jalonan el gran templo dinerario, que cuenta con mobiliario rico, maderas nobles y cuidadas ornamentaciones en casi todos sus enclaves principales, con esa largueza con la que se construyen los ricos los edificios para los ricos. El Banco de España posee una de las colecciones pictóricas más importantes de España, sobre todo en obras de Francisco de Goya, que retrató también a numerosos banqueros y gentes de las finanzas. Su colección se sitúa tan sólo por detrás de la del Museo del Prado y la del Museo de la

Real Academia de Bellas Artes de San Fernando, en la calle de Alcalá, en el viejo palacio de don Juan de Goyeneche que ideara Benito de Churriguera y levantara Diego Velázquez, arquitecto homónimo del pintor universal.

De monumentos y palacios

Frente al Banco de España, surge un florón de edificios que figuran entre los más monumentales de Madrid, como el palacio de Buenavista, donde murió el general Joaquín Prim y residió el valido de Carlos IV, Manuel de Godoy, muerto en el exilio en Francia, y también algún duque de Alba. Este enclave contribuye a rodear de misterio la plaza de Cibeles, en la que, por un lado, el propio Banco de España sólo le ofrece a la diosa gobernadora y cerealera un chaflán, noble pero chaflán al cabo, mientras el suntuoso palacio áulico parece esconderse tras un boscoso jardín de pinos altos, abetos y cipreses del Himalaya.

Tan sólo el antiguo palacio de Correos, Telégrafos y Comunicaciones brinda su fachada a la diosa, a la que parece abrazar con el arco de sus alas, que jalonado estuvo durante décadas por heráldica nacional e iberoamericana hasta que una de las numerosas acometidas de la proverbial ignorancia edilicia madrileña, acabó con su decoración modernista y aplanó los escudos hasta una rutinaria superficie lisa y opaca. Lo mismo sucedió con su mobiliario de época.

Hoy, el Ayuntamiento de Madrid se enseñorea del palacio, tras haber abdicado sus inquilinos de la facultad de ocupar uno de los edificios más nobles y de mayor solera de la ciudad, la llamada Casa de la Villa, situada junto donde estuvo la sede del medieval Concejo madrileño sobre la callc Mayor.

Una estatua de don Álvaro de Bazán, invicto e ilustrísimo marino, corona la plaza que da cobijo a la antigua sede concejil, sobre un jardincillo floreado muy amenamente y dispuesto con cuidado colorido. Los herederos de don Álvaro, marqués de Santa Cruz, poseen en la calle del Limón un bellísimo palacio repleto de obras de arte, con cuadros de Van Dyck y Goya, entre otros ubérrimos lienzos; la escalera del palacio se ve jalonada por farolas de los mascarones de proa de bajeles turcos capturadas a las tripulaciones otomanas en la batalla de Lepanto en 1571, donde Miguel de Cervantes perdió su mano izquierda combatiendo a las órdenes de Juan de Austria, el afamado y belicoso Jeromín, hijo natural de Carlos I y hermano, pues, de Felipe II.

Contó asimismo el marqués de Santa Cruz con un monumental edificio de estilo renacentista, profusamente decorado al fresco y tachonado con emblemas y escenas de sus principales victorias navales. El palacio es muy semejante al edificado junto al magno puerto italiano de Génova, si bien el de Álvaro de Bazán se encuentra en plena llanura de La Mancha, en el Viso del Marqués, que así se llama en honor a su título, cosechado por sus servicios y los de su padre a la Marina Real de Carlos I y Felipe II, en el siglo XVI.

Por cierto, la Casa de la Villa, situada no lejos de la estación de metro de la Puerta del Sol y que cuenta con una fachada columnada por fustes toscanos semejantes a los de la época carolina, sobre el frontal que mira a la calle Mayor, posee un patrimonio artístico envidiable, acumulado durante seiscientos años por los vecinos de la cortesana villa y administrados, siquiera aparentemente, por sus ediles. Varios cuadros de Antonio Palomino, ajuares litúrgicos, esculturas, bronces, dorados, libros de altísimo valor y, sobre todo, documentación

procedente de cinco siglos de actividad incesante —hoy ya trasladada en su mayor parte al Archivo Histórico Municipal instalado en el Cuartel de Conde Duque— nutrieron las arcas artísticas que compusieron su tesoro. Pero la nobleza e historicidad de tan magna casa y la rica propiedad de sus ajuares no pareció interesar en demasía a quienes decidieron el traslado de la Casa del Concejo de Madrid al que fue palacio de Correos y Telecomunicaciones, en la plaza de Cibeles, pese a que este edificio presenta enormes dificultades de habitabilidad dada la imponente altura o distancia entre sus forjados, lo que ha obligado a reforjar cada planta primigenia en otras dos, incluso a veces en tres. Asimismo, la vieja nave a cielo descubierto que configuraba el muelle donde se recibía la correspondencia del antiguo palacio de Correos y Telecomunicaciones, en la parte trasera del edificio, con accesos por Alcalá y la calle de Montalbán, ha sido cubierta con una cristalera. La zona, que se ha llevado también por delante el Museo Postal y Telegráfico, ha sido dedicada a fastos de tipo cultural, a mayor gloria de los y las ediles.

Líneas 2 6

Manuel Becerra, de la revolución al moderantismo

Bajo la plaza de este nombre, llamada durante algún tiempo de Roma, se encuentra una estación de metro por la que cruzan dos líneas que la enlazan con dos ejes, el perimetral norte-sur y el radial este-oeste de la ciudad. Debe su denominación a un profesor de Matemáticas y político progresista del siglo XIX, que se distinguió por su militancia en la llamada revolución Gloriosa de 1868. Por ella sería posteriormente exiliado, aunque acabaría sus días bien instalado como ministro en el Gobierno de Práxedes Mateo Sagasta, el otro polo de la alternancia de Gobiernos conservadores y moderados instaurada tras la Restauración monárquica posrepublicana de 1874.

A la plaza de Manuel Becerra, que también se llamó de la Alegría, van a dar las avenidas de Francisco Silvela y del Doctor Esquerdo, así como las calles de Ramón de la Cruz, el sainetista madrileño del siglo XVIII, y la de Alcalá, que la atraviesa. Si bien hoy esta plaza, una de las de mayor siniestralidad de tráfico de todo Madrid, tiene en su centro dos isletas ajardinadas, en su interior se alzó durante décadas un obelisco de profusa simbología masónica, allí erigido para conmemorar el nacimiento de Isabel II. Fue decorado por el escultor José Tomás, con amplia obra escultórica en la ciudad, y construido por el arquitecto Francisco Javier Mariátegui. Por cierto, este apellido que parece de origen vasco fue objeto de una curiosa leyenda, según la cual unos niños huérfanos a cargo de unos religiosos del Perú fueron reunidos por sus cuidadores que, temiendo su extravío, les colocaron sobre el pecho medallas con el lema mariano «María te guíe». Con el tiempo, entre ellos llegarían a denominarse mariáteguis, apellido de un famoso revolucionario del país altiplano, fundador de una importante organización política.

La plaza de Manuel Becerra alberga la iglesia de Nuestra Señora de Covadonga, levantada en la posguerra civil con el estilo inconfundiblemente vulgar que caracterizó la arquitectura religiosa de la época hasta su innovación a partir de la erección del templo dominico de la carretera de Burgos, a la altura de Alcobendas, obra de Miguel Fisac. Sin embargo, la iglesia de Covadonga alojó una imagen de la misma advocación que el nombre del templo, traída desde la iglesia de San Plácido, de la calle de Valverde, donde también estuvo en un principio la célebre pintura del *Cristo* de Velázquez.

Camino al cementerio de la Almudena

Anteriormente se llamó plaza de Roma y tradicionalmente era el lugar donde se despedían los duelos de los entierros, que proseguían camino hacia el no lejano cementerio del Este, llamado también La Almudena. Pocos madrileños y madrileñas saben que este camposanto alberga, junto con la sacramental de San Isidro enclavada al oeste de la ciudad, sobre las terrazas del río Manzanares, algunos de los hitos sepulcrales arquitectónicamente más singulares del Madrid romántico, que reprodujeron en clave funeraria todos los estilos arquitectónicos del Madrid de entonces, sobre todo los llamados «neos», desde el neorrománico, al neogótico, neobizantino y otros.

La económicamente tan potente y aristocratizante alta burguesía madrileña, que se enriqueció con el comercio con América, las fábricas enclavadas en áreas urbanas y los latifundios andaluces y extremeños, quiso dotarse de enterramientos señoriales en parajes donde se reprodujera la magnificencia de sus vidas a través de panteones suntuosos, cuajados de ornamentaciones que dieran testimonio de su largueza.

Es preciso señalar que el cementerio de la Almudena alberga un enterramiento colectivo de nueve jóvenes aviadores de la Luftwaffe, regida por el mariscal nazi Hermann Goering, sucesor de Adolf Hitler, pertenecientes a la llamada Legión Cóndor, que intervinieron en la Guerra Civil mediante numerosos bombardeos y que murieron en combate sobre los cielos y los suelos de España. La muerte de uno de los pilotos a manos de una multitud airada tras ser apresado después de haber bombardeado sin misericordia un área urbana del País Vasco fue invocada por algunos historiadores para determinar la causa eficiente del bombardeo de Gernika. Cierta o no, la chispa de aquel monstruoso crimen, perpetrado sobre la localidad vasca en día de mercado, cuando se duplicaba con recién llegados foráneos su población mayoritariamente campesina, el episodio fue inmortalizado por Pablo Picasso en una obra pictórica universal que, por orden expresa de su autor, no fue trasladada a España mientras vivió Franco y en tanto no se restableciera la democracia.

El *Guernica* en Madrid

Además de la atroz mortandad causada entre moradores indefensos, la gravedad de lo ocurrido en Gernika radicaba en la elección, por parte de los bombarderos, de la población civil, considerada ya como pleno objetivo de guerra, preludio del terrible flagelo incorporado por las prácticas bélicas durante la Segunda Guerra Mundial. Asimismo, aquella acción miserable planteaba un dilema de enorme alcance: o bien los pilotos nazis habían actuado bajo las órdenes directas del alto mando de la Luftwaffe de Goering, con plena autonomía respecto del mando franquista para decidir por su cuenta una acción semejante, o bien contaron con la criminal aquiescencia del dictador Francisco Franco para perpetrarla.

La pintura de Picasso, de gran formato y dotada de una portentosa expresividad, llegó a Madrid en 1983 y fue instalada inicialmente en el Casón del Buen Retiro, restaurado años después por el arquitecto Jaime Tarruell mediante una obra de sorprendente dificultad, ya que el edificio, hoy convertido en sede de la biblioteca y la dirección del Museo del

Prado, tuvo que ser recalzado en su conjunto. Con posterioridad, el *Guernica* de Picasso fue instalado en el Centro de Arte Reina Sofía, un edificio histórico destinado en su día a enfermos infecciosos, que albergó el Hospital de San Carlos en las inmediaciones de la estación de metro de Atocha y sobre la plaza de Santa Isabel.

El edifico ha sido objeto de importantes modificaciones internas y exteriores, como la de su fachada oriental, cubierta con una gigantesca cornisa metálica en tonos marrones muy brillantes, ideada por el arquitecto Jean Nouvel. Lo malo es que tan aparente fachada apenas se aprecia desde el exterior, ya que la ronda a la que mira se ve truncada por un paso subterráneo que le resta proyección visual. Sobre la calle que lleva el nombre de la santa, reina medieval de Hungría, se alza uno de los palacios más curiosos de Madrid por la suntuosidad de sus decoraciones internas, el de los duques de Fernán Núñez, ya cerca de la estación de metro de Antón Martín, donde iniciábamos esta andadura por las principales paradas del ferrocarril suburbano madrileño.

En contraposición a la espléndida riqueza de sus ajuares interiores, los palacios de la nobleza de la ciudad, durante varios siglos, se atuvieron en sus exteriores a la pauta de no superar en plantas los del Rey. Por ello, sus fachadas suelen ser modestas y poco ornamentadas, como muestran las de los palacios de Santa Cruz, el de la duquesa de Sueca —éste en trance de derribo por ruina consentida— o el del duque de Alba, en la calle de su nombre, situada no lejos de la plazuela del Cascorro. Tal es el nombre de un río cubano donde se distinguió el soldado Eloy Gonzalo en una acción de guerra contra los mambises, independentistas de Cuba.

Rastreando...

La plaza de Cascorro corona el Rastro, atrabiliario mercado dominical que dibuja una de las páginas más coloridas de Madrid, lugar de encuentro histórico de truhanes, revendedores, rufianes y oportunistas de todo tipo a la caza de compradores incautos; hoy el enclave se ve convertido en expresión turística suprema del tipismo y del frenesí consumista y vendedor de miles de forasteros y lugareños. Sus objetos cobran allí vida, en medio de una zarabanda de gentes que recorren sus puestos, otrora refugios de quincalleros, peristas y estafadores, por donde transitaban mercancías de dudoso origen.

Pese a tratarse de un mercadillo generalmente consistente en exóticas baratijas, el Rastro cuenta con algunas tiendas de

antigüedades con nombradía internacional donde, en ocasiones, se han hallado joyas, muebles, pinturas, bronces y mármoles de valor muy grande, que, en el turbión de voces y gentes que transitaban la zona, pasaban inadvertidos y escondían su artístico fulgor, que sólo los especialistas eran capaces de detectar. Así ha sido descubierto recientemente, entre numerosos otros vestigios del pasado pictórico, un lienzo históricamente muy valioso, pintado en el siglo XVIII y adquirido años atrás en el Rastro, que representa a un poderoso cardenal infante, don Luis de Baviera, que cuenta en la provincia de Madrid, más precisamente en el palacio arzobispal de Alcalá de Henares, con el escudo heráldico más grande de todo el territorio de la región uniprovincial madrileña.

El Rastro es palabra que, para algunos, deriva de la estela dejada por los bataneros tras el acarreo de pieles de animales, mientras que, para otros, es una trasposición del término inglés *drugstore* («almacén», «droguería», «colmado»). Su grandeza reside en el potente poder simbólico que atesora como metáfora del frenesí vital que oculta una ciudad como Madrid, donde los principales enemigos de sus moradores son la rutina y el tedio, contra los que combaten siempre buscando la sorpresa insólita de un hallazgo o, siquiera, el chispazo amistoso de una sonrisa. El Rastro es el paraje de Madrid donde los objetos alcanzan vida propia.

Metro Líneas 2 5 R

Isabel II, sobre la estación de Ópera

La estación de metro de Ópera recibe su nombre de la denominación que la gente atribuye a la plaza de Isabel II, un caso más del divorcio entre la lengua oficial y el nomenclátor del callejero de Madrid. En la plaza rectangular bajo la cual se ubica una de las estaciones constructivamente más complejas de la red madrileña —la que surca la histórica línea 2, por la que cruza la línea 5, de color verde, y de donde parte un ramal propio hasta Príncipe Pío, signado por una R—, se percibe la complejidad del terreno primigenio sobre el que se asentaba: a un lado, en el sur, la calle de la Escalinata presenta su empinada grupa; al norte, la de Campomanes asciende en curva en dirección a la plaza de Santo Domingo, donde estuvo emplazado un importante convento, quizás el más rico de cuantos hubo en Madrid; por el este desciende hasta la plaza la calle del Arenal, surcada por un poderoso torrente en descenso desde la Puerta del Sol y el montículo que corona la calle de Alcalá a la altura de la plaza de Sevilla.

Sólo el oeste, a poniente, la zona de la plaza de Oriente, con su contradictoria denominación, se muestra llana en torno a la de la Ópera, si bien se sabe que los trabajos de explanación allí efectuados desde tiempos de José Bonaparte fueron recurrentes hasta que en los años ochenta las obras de un estacionamiento subterráneo acabaron con los restos arqueológicos de la Casa del Tesoro, una de las residencias de Velázquez y dependencia del antiguo Alcázar de los Austrias, precedente del Palacio Real.

Históricamente, no hubo nunca tal plaza, sino un terreno accidentado y de aluvión del arrabal contiguo a la muralla nororiental de la villa, demolida en 1567, que blindaba Madrid por esta zona y que abría su lar por la llamada Puerta de Valnadú. Sus vestigios —un portón incrustado en un empedrado muro— cabe verlos aún hoy en los sótanos de un establecimiento de comida rápida estadounidense. El terreno del solar circundaba unas fuentes de buena agua que recibirían el nombre de Caños del Peral, concretamente de siete bocas, adonde acudían los aguadores a llenar sus tinajones manchegos para vender luego el líquido por las calles y plazuelas madrileñas. En otros enclaves, existieron lavaderos junto a las fuentes.

Y se hizo el teatro

En torno al año 1738, tras unas obras de adaptación, se erigió en la zona un teatro que se denominó Coliseo de los Caños del Peral en el que se representaban entremeses y piezas dramáticas populares, desde autos sacramentales hasta sainetes. Se mantuvo en funcionamiento hasta mediado el siglo XIX, si bien ya desde 1818 se habían iniciado obras para edificar en la zona un teatro real, que no sería estrenado hasta noviembre de 1850 con una ópera de Donizzetti, *La favorita*. Posteriormente se representarían en el teatro real, rebautizado en año revolucionario de 1868 como Teatro Nacional de la Ópera, obras de grandes compositores como Verdi, Rossini o Richard Wagner.

En 1925, el hallazgo de unas grietas en su fachada a la calle de Vergara, con derivaciones hacia algunos palcos, obligó a cerrar el edificio, que entró en un proceso de arruinamiento progresivo. Durante la Guerra Civil fue convertido en polvorín y sufrió un estallido que voló parte de su estructura interior. En los años sesenta del siglo xx, el teatro experimentó dos intentos de rehabilitación, si bien su inicial función se redujo a la de mera sala de conciertos, aunque a finales de los años noventa recobró plenamente su vocación operística.

Cuenta el teatro con un aforo para dos mil cuatrocientas personas. Siete plantas subterráneas se adentran bajo la cota del suelo, donde se encuentran instalaciones escalonadas para el depósito y uso de decorados y tramoyas. El Real, como se le conoce hoy en Madrid, ha sido pasarela por la que han desfilado personalidades de todo el mundo desde su inauguración mediada la centuria del xix por Isabel II, la reina que da nombre a la plaza de la Ópera, en cuya estación de metro, obras de readaptación de la plaza y de las líneas que por ella surcan han permitido hacer aflorar la primitiva fuente de los Caños del Peral, que cabe visitar en un pequeño museo arqueológico. En él se exhiben también los restos de uno de los viajes subterráneos de agua que atravesaban las entrañas de Madrid, procedente de la Dehesa de la Villa —donde se puede ver todavía el hito superficial de ladrillo, llamado capirote, que lo signaba— y que suministraba su preciado fluido al Palacio Real.

Encima de la estación de metro de Ópera, sobre el centro de la plaza de Isabel II, se irguió una estatua de la controvertida dama, durante cuyo reinado surgieron tres guerras civiles, una revolución, innumerables cambios de Gobierno, así como numerosas y sangrientas revueltas. A lo largo de su mandato, precedido por la regencia de su madre, María Cristina de Borbón, cuarta esposa de Fernando VII, y por la del general Baldomero Espartero, regente que prolongó su ejercicio hasta 1868, año en que comenzó su exilio definitivo, Madrid experimentó numerosos cambios, como la traída de aguas desde el valle del Lozoya y el establecimiento de la Universidad de Alcalá en Madrid, en la calle de San Bernardo. Muchos de aquellos cambios fueron inducidos por dos personajes de gran importancia en la vida municipal: el marqués viudo de Pontejos y Ramón de Mesonero Romanos, que aplicaron criterios meramente racionales, pero de gran practicidad, a la vida urbana en cuanto a administración, demarcaciones, policía e higiene.

Metro Línea 4

Colón, un marginado de la historia madrileña

Entre los hombres con mayor proyección universal figura en posición preeminente, sin lugar a dudas, Cristóbal Colón, que en 1492 y tras laboriosas gestiones personales cerca de monjes de La Rábida y de la corte de los Reyes de Castila y Aragón, Isabel y Fernando, protagonizó la gesta de ir al encuentro del gran continente occidental acompañado de tres tripulaciones de valerosos marinos.

Sin embargo, su nombre, que bautiza una estación de metro madrileño y una céntrica plaza, no goza en Madrid de gran reputación.Una calle de apenas doscientos metros de longitud le recuerda cerca de la calle del Pez. Es un fenómeno bien curioso, al que se añade la neblina que esconde su origen y el de su nacimiento, sobre el que todavía se proyectan dudas que abarcan desde la italiana y portuaria Génova, matriz de importantes marinos, hasta el insondable litoral gallcgo. También sobre la localización de sus restos existen dudas razonables, ya que algunos los sitúan en Granada y otros en el Caribe.

Lo cierto es que, pese a los esfuerzos de sus descendientes por dotarle de una peana respetable, la imagen que en Madrid ha trascendido de Cristóbal Colón se ve empañada por visos de tacañería, arbitrariedad y egoísmo, tres de los peores atributos en la escala de los principales defectos que calibra la tan estricta, moralmente hablando, como abierta en el plano de otras costumbres, sociedad madrileña.

Los Mendoza

El caso es que el navegante mantuvo vínculos muy estrechos con la importante familia castellana de los Mendoza, léase el ducado del Infantado y marquesado de Santillana, vínculos que han llevado a algunos historiadores a adscribirle la bastardía de uno de sus principales duques titulares y a situar su origen en la ciudad española de Guadalajara, feudo histórico de tan notable saga. Antes de ennoblecer su sangre por mercedes regias consecutivas a servicios a la Corona, los Mendoza se recrecieron monetariamente en la Edad Media mediante el control de los principales pasos montañosos de la sierra madrileña hacia Segovia, a la cual Madrid pertenecía entonces. Y en esos puertos de montaña sus huestes recaudaban copiosas tasas de paso en concepto de derechos aduaneros, en cuya invención, determinación y cuantificación ellos mismos tuvieron, por supuesto, un importante papel.

El sistema prefeudal de los musulmanes se basaba también en la asignación de zonas fortificadas a señores que se comprometían a defender el territorio a cambio de emplear como aparceros o soldados a los lugareños, tal como sucedió en la fortaleza que, provista de un enorme aljibe, domina Alcalá de Henares por el este y cuya excavación arroja cada día nueva información sobre aquella época que precedió a la del dominio de los duques y marqueses castellanos.

Con amplios territorios de pasto y ganados en el área de Buitrago y en los valles del Lozoya y la Cuenca Alta del Manzanares, los Mendoza, emparentados con los Villena, los López y otras poderosas familias muy vinculadas a la corte castellana, edificaron una fortaleza en Manzanares el Real que dio paso a uno de los castillos más bellos de España, cuya piedra dorada tachona con un timbre de distinción La Pedriza, joya geológica de la sierra madrileña. Catedrales pétreas de crestas recortadas se elevan al cielo en medio de un paisaje coloreado por el verde, oscuro e intenso, de los pinos, mientras el cielo se ve sobrevolado por rapaces de gran envergadura y su suelo se muestra atravesado por declinantes arroyos de aguas frescas y cristalinas, donde los reflejos del sol parecen esparcir sobre sus lechos hebras de oro puro que la allí tumultuosa corriente del Manzanares y sus juguetones afluentes caprichosamente garabatean.

También sobre predios de los Mendoza, Madrid se extiende hacia el norte para abismarse en los bosques que tapizan de verde prieto Montejo, célebre por su hayedo centenario, y la Somosierra, donde se libraron importantes y numerosas batallas a lo largo de la historia, ya que este paso serrano controla el acceso septentrional de la ciudad y es la llave militar de su defensa. En su ámbito tuvo lugar una crudelísima batalla, vencida gallardamente por la valiente caballería polaca aliada de Napoleón.

Descendientes de aquellos caballeros, quc a costa de muchas de sus vidas lograron desalojar, cuesta arriba, a los artilleros españoles que ocupaban la cúspide del puerto, acudieron en 2008 a rememorar la victoria de sus antepasados provistos de caballos, uniformes y penachos, en una evocación tan emocionante como deportivamente participada por sus anfitriones hispanos.

Que viene el lobo

En Somosierra ha reaparecido recientemente un antiguo morador de estas serranías, el lobo, casi aniquilado en la zona durante las décadas precedentes. Los animales que ahora acceden a los taludes y surcan astutamente las praderas de alta montaña en busca de alimento han recorrido una gran extensión de Castilla procedentes de un enorme paraje situado al otro lado del Duero, lindando con la provincia de Zamora, donde los lobos, en retirada por las persistentes batidas campesinas aquí, hallaron durante estos años refugio y cobijo. Su preservación les ha permitido sobrevivir allí además de allanarles la capacidad de extenderse hacia otros territorios.

Sin embargo, el lobo así recuperado sigue teniendo numerosos enemigos entre los buscadores de fácil fortuna, que matan reses y las ponen en comederos naturales adonde el mamífero carnicero acude, para que cazadores de ocasión se apunten el triunfo de haber abatido a tiros un lobo, pagando por ello elevados precios. Lo malo es que, tras tales prácticas, algunos ganaderos resucitan su ancestral alarma ante estos canes, se toman la justicia por su mano y ponen en peligro de nuevo a una especie animal a la que vuelven a condenar a la extinción. Y ello pese a que el lobo, como las aves rapaces o incluso la procesionaria —odiada aunque milagrosa recicladora de la madera muerta de los bosques de pinos—, forma parte de los delicadísimos equilibrios ecológicos de la muy bella sierra madrileña.

Metro Líneas 6 9

Sainz de Baranda, alcalde primero

Esta importante estación de metro lleva el nombre de Pedro Casto Sainz de Baranda, que fue el primer edil que llevó el título de alcalde en Madrid, donde había nacido en 1775, en el seno de una familia cuyo paterfamilias fue un comerciante de nombre Pedro Simón y cuya madre, madrileña, se llamaba Petronila Gorriti. Asumió la alcaldía de la ciudad en el año 1812, en medio de una hambruna terrible, después de que la villa había sido destruida por la francesada y sufrido más tarde el regreso de las tropas napoleónicas como un siniestro *rittornello*, hasta su partida definitiva en 1813. Comoquiera que en aquella situación de emergencia el primer edil se arrogó plenos poderes para atajarla, se granjeó cierta fama de tiranuelo, si bien, tras dimitir en 1813, fue requerido nuevamente para presidir el Concejo madrileño en 1820. Fue entonces cuando los liberales, que inauguraban el llamado Trienio Liberal, obligaron a Fernando VII a reinstaurar la Constitución progresista de Cádiz, promulgada en 1812, que el monarca había abolido previamente tras su regreso a España después de la derrota militar y la retirada de las tropas de Napoleón.

La estación metropolitana de Sainz de Baranda enlaza la línea perimetral llamada Circular con la que engarza el centro capitalino con el este de Madrid en dirección a Arganda.

Precisamente, no lejos de su ubicación estuvo hasta los años sesenta del pasado siglo la terminal de un pequeño ferrocarril, llamado el tren de Arganda, de vía estrecha y de origen minero, que acarreaba sepiolita extraída de las áreas arcillosas y yesíferas de las zonas oriental y meridional de Madrid. Durante décadas, la región madrileña se ha considerado la principal productora mundial de este componente mineral, que se emplea como árido para la construcción, como excipiente farmacéutico y también para la fabricación de objetos de espuma de mar, sobre todo cachimbas y adornos, así como camas para gatos y otros productos de variopinta naturaleza.

La zona más rica en sepiolita se halla en el área del cerro Almodóvar, un promontorio amesetado que domina el acceso a Madrid por la carretera de Valencia y que se halla emplazado sobre el barrio-urbanización de Santa Eugenia. Sobre el cerro se hallaron vestigios peleontológicos de grandes mamíferos ya en el siglo XIX y ulteriormente, en la llanada que se abre a sus pies, fueron descubiertos enterramientos de origen ancestral, presumiblemente visigóticos, en torno a una antigua ermita del siglo XVII situada sobre un paraje mágico, que, si nadie lo remedia, será laminado por una urbanización de gran extensión que se proyecta construir allí.

Justo sobre la terminal del trenecillo de Arganda, «que pita más que anda», según el dicho popular, se yergue hoy la llamada Torre del Retiro, uno de los dos rascacielos que jalonan el gran parque histórico madrileño por el noreste y el sureste del recinto arbolado, mimosamente cuidado por, quizá, los mejores jardineros, jardineras y podadores de altura de toda España. A los pies del enorme edificio se extienden las instalaciones del Colegio de Nuestra Señora del Pilar, regentado por marianistas y filial del centro educativo de igual nombre situado entre las calles de Castelló, Príncipe de Vergara, Ramón de la Cruz y Ayala, vivero de la alta burguesía madrileña.

Otro de los enclaves de la zona de Sainz de Baranda, incrustado en el área de Ibiza, es la plaza del Niño Jesús, que vertebra el barrio. Bajo los pórticos que la jalonan tuvo un bar el futbolista Ferenc Puskás, interior izquierdo del Real Madrid en la época en la que componían asimismo la delantera del conjunto blanco estrellas como el delantero centro y gran portero Alfredo Di Stéfano, el extremo derecho Raymond Kopa, el interior derecho Rial y el santanderino Francisco Gento, célebre extremo izquierdo. Tanto la plaza como las calles adyacentes fueron construidas por la inmobiliaria Urbis, que edificaba pisos de enorme amplitud.

La principal arteria que surca el área de Sainz de Baranda es la avenida de Menéndez Pelayo, cuyo enclave histórico más importante es el Hospital del Niño Jesús, joya de la ar-

quitectura finisecular del siglo XIX, en ladrillo rojo perfectamente aparejado. Por ese hospital ha pasado buena parte de la infancia madrileña, ya que su especialidad ha sido siempre la atención a los niños. Su construcción, promovida por la duquesa de Santoña, recuerda las grandes clínicas victorianas inglesas, con edificios de amplias crujías, altos techos y ventanas exteriores acristaladas con vidrios rectangulares y remarcadas con carpinterías blancas.

Cuenta con una iglesia, proyectada en 1881 por el mismo arquitecto de la Biblioteca Nacional, Francisco Jareño, que la dotó de una espectacular fachada neomudéjar de tres torres, rematada por espadaña y campanario, con ornamentación a base de juegos de ladrillo y hornacinas. Pese a que raramente era abierta al público, de su interior fue robado un enorme lienzo de trasunto sacro *El milagro de santa Leocadia*, que ornamentaba uno de sus muros. El cuadro fue obra de un pintor de la Escuela de Madrileña del siglo XVII Juan de Roelas, discípulo de Diego Velázquez. En abril de 2004, el valioso lienzo fue sustraído con nocturnidad y recobrado poco después en un estado lamentable, como consecuencia de los ocho pliegues que el ladrón le aplicó para llevárselo. Tras una operación policial culminada con éxito, la obra de arte fue convenientemente restaurada y reinstalada en el lugar que ocupaba dentro del templo, de planta e interior neogótico.

En la calle de Lope de Rueda, aledaña a la de Sainz de Baranda, fue descubierto a finales de 1958 un cuádruple crimen cometido con espantosa frialdad por un personaje de familia bien y vida pródiga, José María Jarabo Pérez Morris, ex alumno del madrileño Colegio del Pilar, que dilapidó en unos meses una copiosa fortuna de unos quince millones de pesetas. Su parentesco directo con un magistrado de la época franquista hizo pensar que no sería ejecutado; no obstante, en julio de 1959, cuando él contaba con treinta y seis años de edad, declarado convicto de cuatro asesinatos, dos hombres y dos mujeres, una de ellas, además, en estado de gestación, se le aplicó la pena de muerte por garrote vil, como fue inveterada y tétrica costumbre del brazo secular de la justicia en España hasta mediados de la década de 1970. El último recipiendario de tan degradante tipo de muerte fue un alemán de origen polaco, Heinz Chez, que había sido sentenciado a la postrera pena tras ser acusado de haber dado muerte a un guardia civil. Chez, cuyo apellido real era Welzel, fue ejecutado en Tarragona el 2 de marzo de 1974. Su ajusticiamiento fue simultáneo al del militante libertario Salvador Puig Antich.

El barrio de Ibiza, uno de los últimos del centro de Madrid que ha accedido a las líneas del metro, alberga una población de extracción burguesa media. Cuenta con comercios de barrio y numerosos restaurantes, así como cines en proporción inexorablemente decreciente. Con su caserío dispuesto sobre una cuadrícula rectangular ortogonal, la presencia de dos bulevares arbolados en buena parte de dos de sus principales calles, Ibiza y Sainz de Baranda, así como la proximidad del parque del Retiro le otorgan un atractivo adicional como destino residencial, por contar con una luminosidad plena debida a su ubicación en la zona más alta del centro de Madrid y una de las mejores oxigenadas. Un personaje muy conocido en el barrio hasta los años noventa del siglo xx fue el vendedor de chucherías llamado Pirulo, famoso por brindar a los niños y niñas colecciones de cromos, que intercambiaban en su puesto, situado en una de las puertas del parque hasta su traslado a un local de una calle contigua.

Una de las chucherías más tradicionales en Madrid ha sido durante décadas el paloduz, llamado *palulú* por los niños, y que consistía en un tronquito de corteza marrón y pulpa amarillo-verdosa de sabor azucarado. Se creía que era la planta originaria del regaliz y que procedía, al parecer y según algunos, de un vegetal arbóreo cultivado en Perú. Por otra parte, las pipas de girasol eran compañeras frecuentes de los niños y niñas en los cines, mientras en las pastelerías o confiterías reinaban los codiciados merengues, un dulce a base de una crema suave acaramelada de colores distintos como los de sus sabores: fresa (rosa), nata (blanco) y café (beige).

Líneas 4 5 10

Alonso Martínez, un prócer iluminado

El político y jurista burgalés Alonso Martínez, nacido en la cidiana urbe en 1827, nombra una estación del metro y una plaza muy unidas a la entraña madrileña. Y ello tal vez porque sigue siendo, en el imaginario de la ciudad, el nexo de unión del céntrico cogollo capitalino con su ensanche hacia los barrios populares norteños, como Cuatro Caminos, a través de la calle de Santa Engracia, y hacia los enclaves aristocráticos de la orilla izquierda de la Castellana, desde la calle de Almagro. En los palacetes que salpican este margen del gran paseo madrileño, que son precisamente los de mejor hechura de todo Madrid, habitó la fracción de la nobleza y la alta burguesía madrileñas enriquecida por la especulación inmobiliaria y fundiaria, bursátil y comercial, alentada por el marqués de Salamanca, que logró inficionar de sus prácticas incluso a la Corona. Así, la misma reina Isabel II lo imitaría al poner a la venta los solares que constituirían con el tiempo un barrio entero, como el llamado Griego, a partir de terrenos arrebatados al parque del Buen Retiro, en la franja que hoy se extiende desde la calle de Alfonso XII hasta el paseo del Prado, que integra, entre otros hitos singulares, el palacio de Correos y Telecomunicaciones, actual sede del Ayuntamiento; el Museo Naval; la plaza de la Lealtad; el Hotel Ritz; el Museo

del Prado; el Jardín Botánico, y el hoy Ministerio de Fomento, cartera ministerial que Alonso Martínez llegaría a desempeñar y desde la que culminaría las obras de construcción y puesta en funcionamiento del Canal de Isabel II, que regaba Madrid con agua procedente del idílico valle del Lozoya y de las sierras noroccidentales madrileñas.

Alonso Martínez, prócer decimonónico, descolló también en la vida pública española como mentor de la Constitución de 1876, posterior al estallido revolucionario de 1868, y como artífice del Código Civil, un corpus legal de gran consistencia y durabilidad. La plaza que lleva su nombre presenta una estatua suya situada en el vértice occidental que lo eleva sobre una alta peana. La escultura, obra del artista José Luis Parés, fundida en bronce en 1994, muestra dignidad y prestancia. Destaca la cuidadosa iluminación que la baña y que en las noches mantiene encendida la memoria del prócer que da nombre y presencia a esta importante plaza.

La calle de Génova

A ella concurren vías como la de Génova, que ha sido escenario de numerosos trasiegos urbanos: por ejemplo, contó con dos cines, hoy desaparecidos, el Príncipe Alfonso y el Colón, ambos cn su accra dc los pares; en el arranque de la calle junto a la plaza de Colón, se irguió durante varios siglos el palacio del Infantado, hoy derruido, y un poco más arriba, la casa del dictador Primo de Rivera, donde nació su hijo, fundador de Falange, José Antonio Primo de Rivera. Esta casa tiene su propia historia, ya que en una de las numerosas operaciones especulativas que afligen a la ciudad, el edificio, noble y de gran porte, situado en un declive natural del terreno sobre el que la calle se asienta, fue semiderruido por la piqueta. Empero, una decisión judicial obligó a restaurarlo.

En la calle de Génova se hallaban asimismo importantes dependencias de la Subsecretaría de Educación Popular, organismo precursor del Ministerio de Información y Turismo, hasta donde llegó en 1946 una incursión de la guerrilla comunista que colocó una bomba en sus dependencias y causó una enorme alarma en la ciudad. Aquel ataque coincidía con el mayor aislamiento internacional del régimen de Franco, por su apoyo a las potencias del Eje durante la Segunda Guerra Mundial.

En la misma calle se halla la sede del Partido Popular, que ha sido lugar de encuentro, celebración o decepción de sus militantes durante fechas electorales, y también polo de atracción de sus oponentes, como cuando decenas de miles de madrileños y madrileñas recorrieron las calles de la ciudad y se congregaron allí en protesta por la actitud seguida por los dirigentes de esta formación política ante acontecimientos como la guerra de Irak o los atentados del 11 de marzo de 2004.

Los aledaños de Alonso Martínez

Otra de las calles que confluye en la plaza de Alonso Martínez es la de Sagasta, donde numerosas firmas de abogados tienen sus despachos. Esta calle contó durante muchos años con un andén central, que se prolongaba, a través de las plazas de Bilbao y de San Bernardo, hasta la calle del Marqués de Urquijo, que cruza perpendicularmente el barrio de Argüelles. Por ello, al conjunto de tramos de estas vías se le denominaba «los bulevares».

La calle de Santa Engracia, que tiene su arranque en la plaza de Alonso Martínez, se prolonga hasta Cuatro Caminos. Ya en las inmediaciones de esta glorieta tuvo su principal sede el Partido Socialista Obrero Español. Comoquiera que esa zona se encuentra dentro de varias manzanas de edificios habitada por militares, algunos y algunas militantes de base socialistas se las vieron y desearon para sacar fuera de la sede los archivos de la organización durante la ominosa jornada del 23 de febrero de 1981, cuando un grupo de guardias civiles, al mando del teniente coronel Antonio Tejero, secuestró a punta de metralleta el Congreso de los Diputados en un intento de golpe de Estado que fracasó al día siguiente y que puso en jaque la renaciente democracia española tras la larga sombra del franquismo. El fichero de militantes del PCE en la Administración, donde figuraban, entre miles más, los nombres, direcciones y cotizaciones de varios abogados del Estado, permaneció escondido en el interior de un vehículo utilitario de color muy vivo y llamativo en las inmediaciones de la calle de Luchana durante aquellas jornadas en las que se temió el desencadenamiento de una *noche de cuchillos largos* contra los miembros de organizaciones políticas de izquierda.

En cuanto a la calle de Almagro, que parte de la plaza de Alonso Martínez, pasa por ser una de las arterias más cotizadas de la ciudad, por la suntuosidad de sus edificios de cubiertas amansardadas a la francesa, entre otras razones. Floristerías de postín, institutos religiosos, prestigiosas consultas de médicos privados, añejas entidades culturales, colegios profesionales como el de Ingenieros de Caminos, Canales y Puertos jalonan sus portales de bella ornamentación a lo largo de esta ancha vía. Sin embargo, algunos edificios de calles adyacentes, justo en los contornos de los principales palacetes que tachonaron el cielo elitista de la ciudad, desde tiempo inmemorial y al caer la noche, se convertían en los principales habitáculos públicos de la prostitución callejera. Este contraste entre la zona más distinguida y una de las más degradadas, que coincidían en esta misma área, ilustra bien las contradicciones de la estructura social madrileña. Moralinas aparte, la explicación de este fenómeno obedecía al hecho de que los jóvenes vástagos de la aristocracia atraían hacia sí el comercio carnal por ser los únicos que podían pagarlo continuadamente. Lo curioso es que la práctica de la prostitución en las inmediaciones de aquellas mansiones prosigue aún hoy, y ello pese a la paulatina y casi completa desaparición de los palacetes de la Castellana.

Por cierto, habiendo sido este paseo una de las vías áulicas más importantes de Europa, con más palacios, mansiones y palacetes que los que se pueden ver en los Campos Elíseos parisienses, el derribo sistemático y progresivo de tan bellas edificaciones fue asumido por los principales arquitectos de la época del franquismo, que a la hora de explicarse tal dislate urbanístico —el paseo era una de las zonas edificadas más bellas de toda España, con enormes jardines— invocan un consciente antiaristocraticismo, en clave populista, aleccionado por el régimen del general dictador. Así lo formuló al autor el arquitecto Antonio Lamela, quien ideara las Torres de Colón, enclavadas en el perímetro del barrio de los palacetes. Por cierto, este rascacielos fue construido con una técnica

completamente nueva en España, ya que, tras erigir un agudo sistema de soportes, fue completado gradualmente siguiendo un eje de arriba abajo, mediante procedimientos singulares inéditos hasta entonces en Madrid. Lamela ha sido también uno de los principales mentores de la T-4, la principal terminal y la más reciente de aquellas con las que cuenta el aeropuerto de Barajas.

El prócer Alonso Martínez, exponente de un tipo de personalidad con proyección pública del siglo XIX, murió en Madrid en 1898, tras haber dedicado su vida a la política y al parlamentarismo, con una cabal traducción de sus anhelos en numerosos emprendimientos y obras con proyección social.

Chueca, arco iris de música

Una plazuela de gran celebridad, que posee la boca del metro más ancha de cuantas jalonan la red del ferrocarril subterráneo de la ciudad, lleva el nombre de Federico Chueca, uno de los más conocidos músicos españoles de todos los tiempos. Nació en Madrid en 1846, más precisamente en uno de los hitos más vetustos del caserío madrileño, la llamada Torre de los Lujanes, situada en la plaza de la Villa. Con sus muros de ladrillo aparejado según artes medievales, revocos más modernos y un arco de medio punto que recuerda el pasado árabe de la vieja villa, la leyenda asegura que en la torre estuvo preso Francisco I, rey de Francia, tras ser capturado en plena batalla de Pavía en 1525. Sin embargo, algunos historiadores señalan que el monarca galo cautivo pasó su forzada estadía madrileña en el palacio de los Vargas, que abre la Casa de Campo desde el llamado puente del Rey.

Y bien. Federico Chueca, que desde su mocedad mostró

una fuerte inclinación hacia la música, iba para médico, según el designio paterno, y a ello se aplicó hasta que, en una francachela estudiantil, fue detenido por la policía bajo la acusación de alboroto público. Pasó unos días en comisaría: pero allí, en el tedio carcelario, tarareando primero y memorizando después, compuso como pudo un conjunto de pequeños valses que tituló *Lamentos de un preso*. Al salir de comisaría, se encaminó al estudio del maestro Francisco Asenjo Barbieri, quien escuchó las composiciones del joven aficionado y se comprometió a arreglarlas e interpretarlas en una orquesta bajo su dirección.

La actitud del maestro Barbieri y el inicial eco de las composiciones así interpretadas aleccionaron al jovial Federico Chueca, pues, a partir de entonces, la música se convirtió en el principal horizonte de su vida, y a ella se consagraría, iniciándose como director de algunos coros vecinales y también como pianista en distintos cafetines de Madrid. En aquellos divertidos cafés, donde departía cara a cara con los parroquianos, adquirió Chueca un conocimiento profundo de las costumbres y afanes de los moradores capitalinos, señas de identidad y de comportamientos que posteriormente trasladaría de forma magistral a sus partituras. Sin embargo, lejos de la interpretación lisa y llana que su cometido de pianista le procuraba, sus aficiones se orientaron hacia la música escénica que en su pentagrama llegaría a cobrar mundial renombre con una composición singular, estrenada en el Teatro Felipe (que estuvo emplazado donde hoy se encuentra el palacio de Correos en Cibeles). Se trataba de su partitura *La Gran Vía*, zarzuela que cobró inmediata fama, expandida por los principales centros musicales europeos, desde París hasta Viena, capital austriaca de donde bebía buena parte de la inspiración del maestro madrileño.

Pronto se sumaron nuevos triunfos musicales —*Cádiz*, *El bateo*, *La alegría de la huerta*...— a aquel primigenio éxito de Federico Chueca, que vino muy estimulado socialmente por el triunfo conseguido con la deslumbrante zarzuela como consecuencia de la impugnación, en clave castiza, de las obras de apertura de la Gran Vía. Éstas discurrían a través del corazón mismo del caserío madrileño, horadado por el tajo de una nueva diagonal viaria cuyo trazado iba a implicar el derribo, piqueta en mano, de varias decenas de manzanas de edificios, conventos y centenares de viviendas, muchas de ellas muy degradadas. La pieza de Chueca contribuyó a crear un clima de opinión popular muy adverso hacia aquella enorme obra pública, que se demoraría varias décadas y que sólo vio su arranque definitivo poco después de la muerte del compositor, en 1908.

Chueca dejó como legado la estela de una música chispeante, signada por una vocación coral evidente compuesta para las grandes masas, de bella hechura y de comprensión accesible para todo tipo de público, inspirada en ocasiones en los aires vieneses que impregnaban la atmósfera musical europea finisecular. Entusiasta, rumboso y amante de Madrid, como lo ha definido el catedrático e historiador del Teatro

José Montero Padilla, el músico se convirtió en el principal exponente de quienes ven la ciudad, sus gentes y sus costumbres a través del colorido prisma que brinda la alegría de vivir y el gozo de ser uno mismo en una comunidad grata y solidaria como la del Madrid de los barrios populares, tan parecidos a la vida de los pueblos, pero con la ventaja y el orgullo del existir en una urbe cosmopolita y bullanguera, como lo era la ciudad entonces.

Quizá fueran estos alegres rasgos que ilustraron la vida y la obra de Federico Chueca y que parecen transparentar gratamente la brisa de libertad que, tras muchos esfuerzos, se respira en Madrid, los mismos que determinaron a un colectivo social muy importante, el de los homosexuales, a elegir el barrio que lleva el nombre del músico como principal morada. Así ha sido. En las últimas décadas, Chueca ha sido el verdadero cuartel general del movimiento gay, con sus bares, tiendas, comercios de ropa y zapaterías, discotecas y terrazas. Todo ello impregnado por esa sensibilidad que caracteriza a este colectivo, al que se han adherido asimismo otras comunidades singularizadas por opciones sexuales alternativas, diferentes.

El otro Chueca

Del mismo apellido que el músico, el historiador de la arquitectura y arquitecto Fernando Chueca Goitia (Madrid, 1911-2008) ha sido una de las personalidades más relevantes de la cultura contemporánea madrileña. A sus estudios como alarife, complementados por los de Historia, Sociología y Urbanismo, siguieron años duros en la primera posguerra civil, ya que su pertenencia al bando republicano, como la de tantos intelectuales españoles, le atrajo la enemistad de algunos mandatarios del régimen franquista durante los primeros años de su carrera como arquitecto. En Madrid, y precisamente durante la contienda, contribuyó a salvar los tesoros artísticos del palacio de Liria, machacado por la artillería del bando de Franco que, desde sus baterías en el cerro de Garabitas de la Casa de Campo, martilleaba a diario la ciudad, señaladamente la zona contigua al barrio de Argüelles, donde el palacio, hoy reconstruido, se halla.

Pese a todo, Fernando Chueca no olvidó desplegar numerosos viajes interprovinciales para acopiar información directa sobre el panorama patrimonial español e iniciar asimismo felices incursiones en el mundo de la restauración y de la rehabilitación de edificios y monumentos, donde descolló por su formación erudita, su inteligencia y su sensibilidad.

Simultáneamente a sus trabajos de campo, Chueca Goitia proseguía de manera incesante sus estudios, de tal manera que perfiló con agilísima pluma los contornos urbanísticos de megalópolis como Nueva York, también de ciudades de Suramérica o sobre Roma, amén de hitos monumentales como las catedrales de Salamanca y Valladolid, además de edificios y conjuntos singulares de España, como el monasterio de San Lorenzo de El Escorial, que conocía a la perfección, así como el Museo del Prado, que Chueca amplió mediante la agregación de un ábside felizmente incorporado por él al cuerpo central proyectado por Juan de Villanueva y orientado al este.

La *Historia de la arquitectura española* de Fernando Chueca Goitia, editada poco antes de su muerte por discípulos y amigos suyos como el arquitecto municipal Joaquín Roldán —quien restauró excelentemente la Casa de la Panadería de

la plaza Mayor de Madrid y el palacio O'Reilly, en la calle del Sacramento, entre muchas otras obras—, se ha convertido en una obra imprescindible para comprender la amplitud de la riqueza monumental y patrimonial española. Junto con Elías Tormo, Fernando Chueca Goitia ha sido el mejor historiador de la arquitectura de España y, sin duda, el que más bellamente ha escrito sobre ella, junto con Juan de Contreras, marqués de Lozoya, noble segoviano que fue director general de Bellas Artes y quien, tras concurso, asignó a Chueca y a Carlos Sidro la culminación de la catedral de Madrid, iniciada en 1883 y coronada en 1993. Un año después sería inaugurada por el pontífice Juan Pablo II, y en 2011, visitada asimismo por Benedicto XVI.

Con exquisito cuidado y la permanente colaboración de la arquitecta italiana Emmanuela Gambini, autora a su vez de la restauración del magno convento de las Comendadoras de Santiago, Fernando Chueca restauró la Real Academia de

Bellas Artes de San Fernando en una actuación glosada por sus críticos y sus colegas.

Además de todo ello, Fernando Chueca desplegó una intensa actividad pública desde las filas del sector protoliberal de la Unión del Centro Democrático, partido centrista formado durante la Transición de la dictadura a la democracia, y también al frente del Colegio de Arquitectos de Madrid, al cual, mediante un equipo directivo por él seleccionado y formado por algunos de los mejores y más comprometidos arquitectos de la ciudad, imprimió el marchamo de institución vinculada a los afanes e intereses de la sociedad civil madrileña, tantas veces zaherida por la prepotencia de los grupos de presión inmobiliarios y por la arrogancia de numerosos ediles, señaladamente los menos cultos.

Metro Líneas 4 5 6

Diego de León, un dédalo bajo cota

La estación de metro de Diego de León, una de las más extensas de Madrid, se caracteriza por sus enormes corredores, fruto de la ambición por conectar con muchas líneas simultáneamente. Le da nombre un célebre e infortunado militar cordobés, nacido en 1804 y muerto en Madrid, en 1841, en las inmediaciones de la Puerta de Toledo, ante un pelotón de ejecución. Fue distinguido desde las filas isabelinas por su heroico comportamiento en varias batallas de la primera de las

cuatro guerras carlistas (1833-1839), señaladamente en la conquista del puente de Belascoain, en Navarra, acción que le procuró el título condal de este nombre con el que fue galardonado. Protagonista de una intentona fallida contra el general regente Baldomero Espartero, que incluyó el intento de secuestro de la jovencísima Isabel II en el Palacio Real, Diego de León fue detenido, apresado y condenado a muerte. Si bien el capitán al mando del piquete ejecutor le ofreció la oportunidad de salvar la vida, Diego de León renunció a tomarla, a la espera de que Espartero le perdonara personalmente o de manera oficial, indulto que nunca llegaría.

Magnicidio

La calle que lleva su nombre abarca desde la avenida de Francisco Silvela, en cuya conjunción se encuentra la boca del metro, hasta la de Serrano, punto donde se encuentra la embajada de los Estados Unidos de América, edificada mediados los años cincuenta del siglo XX, en unos predios pertenecientes a la renombrada familia Cánovas del Castillo. El proyecto fue supervisado por Juan Garrigues-Walker, perteneciente a la famosa saga madrileña pro estadounidense de abogados, políticos y empresarios.

Desde la esquina de la calle de Diego de León con la de Claudio Coello, subidos a una escalera y disfrazados de operarios de la compañía eléctrica, dos activistas de la organización terrorista Euskadi Ta Askatasuna accionaron el dispositivo de ignición a distancia de la carga explosiva que alzó hasta una altura de seis pisos el vehículo blindado Dodge Dart, de color negro, en cuyo interior viajaba el primer presidente del Gobierno del general Francisco Franco, el almirante Luis Carrero Blanco, en la mañana del 20 de diciembre de 1973. En el atentado también murieron sus dos escoltas.

La explosión fue estremecedora y se escuchó en puntos de la ciudad muy alejados. Los activistas vascos habían alquilado meses antes de aquella fecha la bajera de una casa de la calle de Claudio Coello, propiedad de un policía, desde donde horadaron un túnel, almacenando los escombros en bolsas de plástico semejantes a las empleadas para la basura. En turnos de día y noche, los conjurados abrieron el pequeño paso subterráneo hacia el centro de la calle por la cual, todos los días de la semana, de manera metódica e invariable, tras asistir a misa en la iglesia jesuita de San Francisco de Borja, cruzaba el almirante en su vehículo de regreso a su casa, situada en la cercana calle de Hermanos Bécquer, que empalma en escorzo con la de Diego de León.

Esa misma mañana, Carrero Blanco se proponía ir al taller del escultor Juan de Ávalos, donde el artista extremeño había culminado el modelo en escayola de la estatua ecuestre del general Franco que el almirante se proponía regalar al dictador con el objetivo de que fuera instalada en el patio central del Palacio Real de Madrid. El escultor y sus ayudantes, junto con autoridades municipales, esperaban a Carrero en el taller, situado en el barrio de Chamartín, pero una llamada les alertó de que no le aguardaran.

El vehículo blindado en el que viajaba el almirante con dos escoltas, al pasar por la calle de Claudio Coello, muy poco después de atravesar su juntura con la de Maldonado y justo al sobrepasar el túnel donde los activistas habían colocado la potente carga explosiva, ascendió girando hasta unos veinticinco metros de altura y fue a caer estruendosamente en un patio interior de la iglesia jesuita, de donde Carrero Blanco acababa de salir.

En unos instantes de profunda incertidumbre, la intensidad de la explosión, el humo levantado por el bombazo, el agua de las conducciones subterráneas reventadas, el olor a gas y la confusión reinante creada permitieron a los terroristas, apostados sobre una escalera, escapar primero a la carrera y luego, presumiblemente en un utilitario que les aguardaba en las inmediaciones, acceder hasta un enclave donde les esperaba un camuflado camión de leña que ocultaba en su interior un refugio y que les trasladó hasta la frontera francesa.

Lo curioso de aquel atentado es que se perpetró a poco más de cien metros de distancia de los muros de la embajada de Estados Unidos. El secretario de Estado norteamericano Henry Kissinger, vinculado a la inducción de desestabilizaciones y golpes de Estado en países de América Latina, adelantó un día su partida de Madrid, donde, precisamente, el 19 de diciembre, un día antes del atentado, acababa de entrevistarse en la sede de Presidencia del Gobierno con el almirante Carrero Blanco, que apenas unas horas después de aquel encuentro murió asesinado.

Casi enfrente de esta esquina, pero en la otra acera de la calle de Diego de León, estuvo el más señero de los clubes de jazz de Madrid, en la misma manzana donde se encuentra un recinto conventual de una de las muchas congregaciones de origen francés asentadas en la capital tras las distintas persecuciones religiosas seguidas en Francia contra el clero después de la Revolución de 1789 y en sucesivos períodos laicistas acaecidos en la política francesa en el siglo XIX y en los albores del XX.

Ya en la cabecera de la calle se encuentra el antiguo hospital de la Beneficencia, hoy denominado de la Reina Sofía, escenario de una reiterada puja ante las autoridades regionales y el cuerpo clínico, movilizado durante el año 2013 para impedir la privatización que acecha al centro sanitario, uno de los más importantes de la ciudad, dentro de un amplio programa de «externalizaciones» —así denomina el Gobierno regional las privatizaciones— de media docena de importantes centros hospitalarios madrileños.

Manuela Malasaña, una niña bajo el fuego

La joven heroína madrileña aniquilada por la soldadesca napoleónica el 2 de mayo de 1808, en un episodio en el que la leyenda y la realidad se dan la mano, da su nombre a una estación de MetroSur, la línea periférica madrileña de reciente creación. Apellido de origen francés, Malasagne, los abuelos de Manuela se asentaron en Madrid procedentes del sur de Francia. Juan, el cabeza de familia, participó junto a otros patriotas en la defensa civil del Parque de Artillería de Monteleón, donde perdió la vida en combate desigual contra las fuerzas del duque de Berg, Joachim Murat. Sus huestes, en número de cuarenta mil efectivos, se habían asentado en las inmediaciones capitalinas y también en algunas zonas del interior de Madrid.

Las molestias causadas por las fuerzas ocupantes en varias poblaciones periféricas madrileñas, donde se aposentaron de manera agresiva y onerosa, obligando a los vecinos a cederles sus casas, precipitaron los acontecimientos, cebados además al trascender el secuestro en la ciudad francesa de Bayona, a manos de Napoleón Bonaparte, de casi toda la familia real de Carlos IV, con su esposa, sus hijos y el heredero Fernando incluidos. El general corso, con malas artes, había atraído y convencido a los titulares de la Corona española, Carlos y

Cristina, y a su valido y amante de ambos, Manuel de Godoy, de la necesidad de cruzar con sus tropas España para tomar Portugal con miras a aislar a Inglaterra, cuando en el fondo lo que se proponía era forzar un cambio de dinastía, propósito que cumplió al entronizar, *manu militari*, a su hermano José Bonaparte como nuevo monarca de España. El 2 de mayo de 1808, fecha en la que el infante Francisco de Paula de Borbón, el más pequeño de los hijos de Carlos IV, era sacado del Palacio Real para ser enviado a Bayona, donde ya se encontraban sus familiares, se produjo una algarada ferozmente reprimida en los alrededores de la sede palaciega: el pueblo de Madrid, hastiado de la impostura de las tropas francesas, se había echado a la calle, dispuesto a combatir con denuedo contra ellas.

La Puerta del Sol, las vías aledañas al Palacio Real, las calles de Alcalá y la del Barquillo, donde murió un general francés a consecuencia del impacto de un tiesto arrojado a su paso desde una ventana, fueron algunos de los principales escenarios de las revueltas, que alcanzaron expresión suprema en torno al Parque de Artillería de la calle de Monteleón. Frente a la impavidez, entonces, del grueso del ejército español, de la aristocracia y del alto clero, que se mostraban incluso proclives a aceptar de buen grado o resignadamente la ocupación francesa, a la que saludaron, un pequeño grupo de oficiales de artillería se unió al pueblo de Madrid y desde el cuartel sacaron varias piezas a la calle con las que bombardearon reiteradamente a las tropas de Murat inmediatamente desplegadas en torno al barrio que se extiende entre la glorieta de Bilbao y la de San Bernardo, por la calle de este mismo nombre y el Noviciado, en el corazón del caserío madrileño.

El héroe de la blanca camisa

La resistencia duró apenas unas horas, dada la superioridad militar de las tropas ocupantes y la falta de armas y municiones de los alzados. Muchos de los patriotas fueron pasados por las armas sin piedad inmediatamente después de ser apresados en el lugar de los hechos, o bien al caer la noche de aquella jornada del 2 de mayo o en la siguiente. Los enclaves donde recibieron la muerte fueron, entre otros, una campa cercana a la iglesia de los Jerónimos, sobre el paseo del Prado, y la montaña del Príncipe Pío —que hoy da nombre a una cercana estación de metro—, situada no lejos de donde hoy se encuentra la plaza de España, un una loma que domina la antigua estación ferroviaria llamada del Norte.

La represión contra los alzados fue atroz. Además de proclamar la queda absoluta, se anunció pena de muerte para toda aquella persona sorprendida con tijeras, cuchillos y otro tipo de instrumentos susceptibles de ser empleados contra las fuerzas ocupantes, cuyas pérdidas en vidas humanas se calcularon en un millar. Una patrulla sorprendió a Manuela Malasaña, costurera de diecisiete años de edad, portando unas tijeras propias de su oficio. Fue detenida y murió fusilada poco después de que su padre, Juan, menestral, cayera abatido en el parque de Monteleón. Se cree que Manuela pudo haber participado en el acarreo de municiones y pertrechos hacia los patriotas atrincherados en el parque artillero, causa añadida que provocaría su muerte.

No obstante, en el fragor de la contienda, la veracidad del relato muestra aún perfiles no bien definidos, y la calle que, al igual que la estación, pero en un enclave bien distante, lleva el nombre de Manuela Malasaña fue denominada Malasaña a

secas hasta 1869 para honrar a Juan Malasaña, el menestral caído en combate. Pero al perderse la memoria de su heroísmo, los vecinos de esta vía pública, situada entre las de San Bernardo y Fuencarral, quisieron cambiar el nombre por malsonante, y en 1961 se decidió llamarla Manuela Malasaña.

Muchos de los patriotas pasados por las armas en aquellos días fueron sepultados en fosas comunes bajo la campa del paseo del Prado, donde se edificaría con el tiempo un obelisco que centra la llamada plaza de la Lealtad, en cuyo círculo se encuentran desde 1895 la Bolsa de Madrid y, desde 1910, el Hotel Ritz. Una treintena de los héroes de aquella jornada, fusilados en las tapias de un predio de la llamada montaña del Príncipe Pío e inmortalizados por Francisco de Goya en su imperecedero lienzo sobre aquellos fusilamientos del 3 de mayo de 1808, fueron enterrados en el recoleto cementerio de La Moncloa. Se trata de un recinto de pequeñas dimensiones, con cripta propia, que únicamente abre al público durante dos días al año: el 2 y el 3 de mayo. Gracias a un trabajo histórico desplegado por un pintor y ceramista del barrio contiguo al cementerio, Juan Manuel Sánchez Ríos, se consiguió averiguar el nombre del personaje de elevada estatura que abre los brazos en cruz durante su fusilamiento en la escena recreada por Goya dos años después al pintar su lienzo. Mediante el cotejo de datos procedentes de narraciones militares, literarias, periodísticas e históricas de aquellas fechas, más las incluidas por Benito Pérez Galdós en sus *Episodios nacionales*, se llegó a la conclusión de que el patriota de la camisa iluminada que se enfrenta a gritos a la muerte fue un carbonero de Cantabria, de apellido Rucabado, si bien se pensó inicialmente que procedía de Lleida.

Líneas 6 10 R

Príncipe Pío, un montículo para la historia

Toda la fachada madrileña hacia poniente se encarama sobre el horizonte y forma pequeños oteros desde los cuales la unión de cielo y tierra parece más cercana. A sus pies se abren algunas de las mejores vistas de la ciudad, con la Casa de Campo como magno retablo tachonado por los azulados picos de la sierra del Guadarrama. Una de estas atalayas del terreno la compone la llamada montaña del Príncipe Pío, prócer de origen saboyano que nombra una importante estación de metro que anuda la ciudad con sus barrios occidentales mediante intrincados enlaces subterráneos que, a partir de esta zona, afloran a la superficie en los tramos que fueron denominados del suburbano. Por cierto, tal afloramiento llevó en su día a diversificar el precio de los billetes de metro, hasta entonces unitario en todas las estaciones de la red.

El enclave del Príncipe Pío se halla ubicado entre predios otrora pertenecientes a la aristocracia cortesana madrileña, donde tuvo su palacio en el siglo XVIII el prócer regio Pío de Saboya, primo de reyes hispanos de su siglo. Si bien tal palacio fue en su origen un lugar de esparcimiento y recreo, entre amenos parajes envueltos por la atmósfera pura de Madrid, con el tiempo el mismo enclave sería mudo testigo de sucesos trágicos como los fusilamientos de patriotas alzados en armas blancas contra las oscuras bayonetas napoleónicas el 2 y el 3 de mayo de 1808 y los acontecimientos registrados en julio de 1936 en torno al Cuartel de la Montaña, un enorme edificio militar erigido allí mediado el siglo XIX, más precisamente en 1860.

El Cuartel de la Montaña

Ya en julio de 1936 fracasa en Madrid la conjura de un puñado de jefes militares golpistas que se mostraban unidos por los vínculos de un turbulento pasado vivido en las tierras africanas, donde muchos de ellos habían sido destinados para acometer una guerra emprendida en el colonizado Norte de África. El fin último de aquellas guerras había sido el de ocultar la pérdida paulatina de las colonias de ultramar, donde las revueltas guiaban a los países iberoamericanos hacia la independencia plena de España.

Los oficiales africanistas conjurados, junto con varios centenares de falangistas, se hacen con el complejo militar del Cuartel de la Montaña; allí se almacenan miles de cargadores de fusiles que ellos pretenden quedarse y que retienen, con amenaza de fusilamiento a la guarnición de soldados de reemplazo que cumplían su servicio militar en las amplias instalaciones cuarteleras.

En medio de un Madrid sorprendido por el levantamiento golpista del general Franco en el Norte de África y de Emilio Mola en Pamplona, los conjurados se hacen fuertes en el cuartel y, como la pólvora, la noticia llega hasta los barrios obreros gracias a la alerta que un soldado manchego de apellido Morcillo y de nombre Bibiano había difundido en algunos bares de la contigua calle de Ferraz. En los corros de los parroquianos de las tabernas contiguas al establecimiento militar, Morcillo contó que la víspera del 18 de julio el oficial bajo cuyo mando se hallaba y que figuraba entre los jefes conjurados le exigió que la jornada siguiente se vistiera con atuendo militar: «Porque vamos a tomar Madrid». Le dijo. Morcillo se dirigió entonces al Ministerio de Defensa, sito en aquella época en la plaza de Cibeles, pero no fue escuchado, presumiblemente, porque fue a dar con oficiales conjurados. Sin embargo, él prosiguió su gira y acudió a una sede del Partido Comunista y del sindicato de izquierda Unión General de Trabajadores (UGT), donde sí le hicieron caso y, al poco, medio Madrid se echaba a la calle y rodeaba el cuartel.

Desde el interior del conjunto de edificios castrenses, Morcillo comprueba que surgen disparos contra quienes se aproximan al recinto. Una vez desalojado el contorno, dos piezas de artillería del Ejército leal a la República son instaladas en la plaza de España y se dispara contra los conjurados con el propósito de intimidarles. Se intenta asimismo un bombardeo aéreo, pero la iniciativa se rechaza por temor a causar una mortandad entre los soldados de reemplazo que se encuentran en el cuartel y han sido tomados como rehenes.

Tras algunas horas de incertidumbre, un grupo de trabajadores provistos de banderas blancas se aproximan al Cuartel de la Montaña con el propósito de parlamentar, pero, de manera inesperada, desde los pisos altos de la edificación militar les disparan fuego graneado y algunos caen al suelo, mientras que los otros retroceden aterrados. Es a partir de ese momento cuando algunos soldados, como confirmó el propio Bibiano Morcillo, que ya había regresado al establecimiento militar tras alertar a partidos y sindicatos, abren las puertas del acuartelamiento y centenares de madrileños armados con fusilería y pistolas penetran dentro del recinto y se produce una sangrienta pelea que culmina con la rendición de los conjurados y la muerte de un número indeterminado, pero numeroso, de ellos. Bibiano relató a este cronista que muchos de los conjurados dispararon sus armas contra sí mismos antes de ser apresados.

Aquel acontecimiento permitió al pueblo de Madrid resistir el levantamiento golpista, que quedó sofocado hasta que, meses después, las tropas franquistas conducidas por el general José Varela, llegaron a instalarse en el cerro de Garabitas, en el corazón de la Casa de Campo, desde donde la artillería de los alzados bombardeó ininterrumpidamente la ciudad hasta su rendición, tres años después, a finales de marzo de 1939. Sobre el solar del viejo Cuartel de la Montaña se instaló en los años setenta el Templo de Debod, traído del Alto Egipto piedra a piedra. Varela sigue teniendo una calle en Madrid.

Otras curiosidades

Existe una leyenda sobre este cerro, que se divisa fácilmente desde la montaña del Príncipe Pío y que cuenta que las almas de quienes mueren cada día en Madrid se congregan a la hora del crepúsculo sobre ese paraje. La reunión, que preludia la postrera y definitiva marcha de los congregados, se percibe desde el exterior mediante un velo suavemente violeta que envuelve el enclave, donde existe una suerte de ermita al aire libre, campestre y milagrera, frecuentada por fieles y curiosos.

Por otra parte, la estación de metro de Príncipe Pío coincide con la terminal ferroviaria llamada del Norte —pese a hallarse situada al oeste de la ciudad—. Hoy la estación ferroviaria se encuentra transformada en un espacioso centro comercial, con cines y accesos amplios que modificaron el trazado inicial del lugar, testigo de algunas partidas regias y cortesanas hacia los veraneos en el norte, Santander y San Sebastián, y, ocasionalmente, Galicia, entre otros acontecimientos. También de esta terminal ferroviaria salió en 1941 la expedición militar de voluntarios que fue a combatir a la

Unión Soviética junto a las tropas del 250 Cuerpo del Ejército alemán del canciller nazi Adolf Hitler en la que se denominó División Azul, porque sus componentes falangistas vestían camisa de ese color, si bien sus mandos fueron militares profesionales.

A juicio de algunos expertos, la Estación del Norte, por su proximidad al Palacio Real, bien pudo haber sido destinada a albergar el futuro Museo de Colecciones Reales, una polémica construcción de grandes proporciones que finalmente se ubicó en una explanada intermedia entre el propio palacio y la catedral de la Almudena, en el espacio que abarca el talud de unos treinta metros que separa la cota de la explanada palacial y catedralicia del suelo del Campo del Moro que a sus pies se halla.

El proyecto, tras varias vicisitudes que incluyeron una impugnación y un re-concurso, hechos que demoraron su culminación durante más de una década frente a las previsiones iniciales, fue ganado por los arquitectos Emilio Tuñón y Luis Moreno Mansilla —este último fallecido el año 2012— y su construcción prosigue aún en 2013. Su impacto visual reventaría la línea de paisaje de Madrid por poniente si no estuviera rodeado parcialmente por el hábitat vegetal del cuidado Campo del Moro, donde, en la Edad Media y a los pies del Alcázar precursor del Palacio Real, tuvieron lugar las justas y torneos a caballo entre guerreros provistos de lanzas, escudos y espadas.

Precisamente en uno de estos torneos celebrados en la segunda mitad del siglo xv, el apuesto Beltrán de la Cueva, valido del rey Enrique IV —monarca muy afecto a Madrid, aún villa y todavía no Corte estable—, ganó por su valor una reñida justa a lanza y espada, torneo en conmemoración del cual fue erigido junto al río Manzanares, cerca hoy de la ermita de San Antonio de la Florida, el primer monasterio madrileño de frailes jerónimos. El cenobio, que contaba con alfares y huertos ribereños, fue trasladado años más tarde, concretamente en 1504, a la vera del paseo del Prado, donde se edificó un nuevo convento, San Jerónimo el Real, dadas las condiciones insalubres del primigenio enclave de una orden religiosa monástica muy vinculada a la Corona española, que tuvo en Guadalupe y en Segovia dos de sus monasterios más señeros.

Línea 4

Arturo Soria, el urbanista inquieto

La estación de metro de Arturo Soria lleva el nombre de un afamado ingeniero, urbanista y político progresista de formación humanística que vivió entre 1844 y 1920. Alumno de Matemáticas del político Manuel Becerra, al que sucedió como profesor de esta disciplina, antes de dedicarse a la política parlamentaria, fue secretario de los Gobiernos Civiles en Orense, A Coruña y Lleida. Entre 1868 y 1873 desplegó su principal actividad política pública, especialmente en Puerto Rico, donde fue enviado tras el exilio de Isabel II. En la isla caribeña, Arturo Soria y Mata abolió la esclavitud y, a su regreso a España, fue diputado por la llamada Pequeña Antilla. Tras la disolución de la primera experiencia republicana, con la entrada de tropas en el palacio de las Cortes por parte del general Manuel Pavía en 1874, Arturo Soria abandonó la política y se dedicó a la reflexión ingenieril y urbanística, así como también comenzó a desplegar algunos negocios. Los transportes, las comunicaciones y la vivienda fueron a partir de entonces tres de sus principales preocupaciones. Así, se declaró entusiasta partidario de instalar en Madrid líneas telefónicas muy poco tiempo después de conocerse el descubrimiento comercializado por Graham Bell. Poco después del plan de Pedro García Faria, Soria sería ideador del proyecto pionero de ferrocarril subterráneo para Madrid, además de alentar el tendido de la primera línea de tranvías y una circunvalación ferroviaria que fue aceptada en 1894. Pese a sus múltiples incursiones por distintos campos del saber, las Matemáticas serían su principal afición, y en Geometría se le atribuye el hallazgo de la unidad originaria de las figuras poliédricas.

La Ciudad Lineal

Arturo Soria previó para Madrid un desarrollo urbano basado en la planificación troquelada por consideraciones medioambientales precursoras, a fines del siglo XIX, de las que entonces comenzarían a llamarse ciudades-jardín, que hoy llamaríamos ecologistas y que a la sazón se definieron en términos denominados higienistas. El nombre de Arturo Soria bautiza una amplia arteria enclavada en una zona alta del extrarradio capitalino, arteria en torno a la cual diseñó su proyecto de Ciudad Lineal. De ella parte una trama de calles que articulan su conjunto mediante una fórmula de habitabilidad rápidamente imitada en toda Europa y América por arquitectos y urbanistas como Le Corbusier y el mentor de las ciudades-jardín, Ebenezer Howard, así como en la planificación urbana de la futura Unión Soviética.

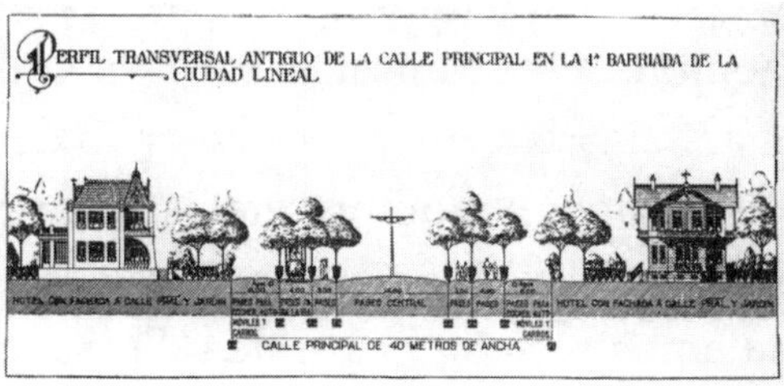

La ecuación urbanística de Soria, calculada con una intencionalidad de armonía donde la combinatoria de factores numéricos desempeña un papel relevante, cohonesta equilibradamente naturaleza y vivienda debido a la fácil profusión de especies arbóreas en la zona. Y ello gracias a la cercanía a la cota del suelo de las capas freáticas, el magma de aguas subterráneas que fertilizan el área y permiten un rico ajardinamiento. Por el bulevar de Arturo Soria discurrió hasta 1972 el tranvía previsto por el urbanista, promotor asimismo de la Compañía Madrileña de Urbanización, si bien su proyecto inicial —orientado a asentar a cuatro mil vecinos en setecientas viviendas, amén de un teatro, un frontón y un circuito para bicicletas, metas hasta entonces conseguidas— quedó aparcado en 1920, a la muerte de su impulsor. Una de las primeras edificaciones de la Ciudad Lineal —un chalé típico del módulo de Soria— llamada Villa Rosario, se conserva restaurada en el número 65 de la avenida que lleva el nombre del urbanista.

La arteria central del Distrito de Ciudad Lineal, distrito que adoptó el nombre previsto por Soria, consiste en un inmenso bulevar que se prolonga desde el arranque de la vía en su empalme con la avenida de García Noblejas, hasta el llamado Pinar de Chamartín. Se sabe que precisamente desde esta arboleda Napoleón Bonaparte dirigió la toma militar de Madrid en diciembre de 1808 tras un inquietante asedio. Sin embargo, la zona aledaña fue terreno donde históricamente se desarrolló el cinturón de olivares que ceñía esta zona nororiental de la ciudad.

Metro Línea 5

Suances, la gran industria

Vestigios del pasado olivarero madrileño, cuyo esplendor revienta en la cerealera villa madrileña de Campo Real, granero de la provincia, son dos grandes quintas cercanas a una estación de metro, situadas en la conocida como prolongación de la calle de Alcalá. Lleva por nombre el de un ministro del Gobierno de Franco, Juan Antonio Suances, vinculado como promotor a la gran industria. Una de las fincas, llamada La Quinta, es hoy parque público municipal flanqueado por unos atractivos campos de deportes; el parque posee un almendral de bellísima disposición, que cada preludio de la primavera se viste de blanco y rosa en una floración tan deslumbrante como efímera. El predio se extiende sobre unas diez hectáreas y tiene en su interior varias instalaciones de interés. Las más próximas a la calle de Alcalá, junto al plantío de los almendros, han sido dedicadas a la atención de enfermos dependientes.

Tras cruzar un zaguán de fábrica, atunelado y umbrío, el

paseante penetra en el recinto, en ocasiones ajardinado, boscoso a veces, donde irá descubriendo rías, estanques, casitas de labor que en su día fueron talleres de jardinería y restauración, hasta dar con un palacete geométrico, de estilo sincrético, que evoca el vienés de comienzos del siglo XX; en su contorno se encuentra la primera pista de tenis que hubo en Madrid, con sus trazas marcadoras ocultas bajo el césped que ahora la cubre.

Muy cerca del palacete se alzan dos molinos eléctricos, quizá los primeros de este tipo, que dan noticia de la necesidad de regadío que el vergel de este predio demandó durante décadas y que aún cabe ver a sus pies en dos plantaciones de flores y plantas arbustíferas que tapizan su entorno. En su día, desde el Ayuntamiento de Madrid se pensó dedicar estas instalaciones a alojar a la Prensa invitada a futuros Juegos Olímpicos. No lejos de los molinos, una laguna surcada por patos procura al visitante solaz y descanso lejos del fragor de la urbe.

Algo más allá de la quinta descrita, a la altura de otra estación de metro denominada Torres Arias, se encuentra otra posesión de igual nombre y de tapial histórico, a la cual sus propietarios se han negado dar acceso público durante muchos años. Está cerca de la llamada carretera de Canillejas, desde el siglo XIII municipio propio y hoy ya barrio oriental del Distrito de San Blas desde su anexión a la ciudad, por decreto, en 1949. Este enclave contó históricamente con una serie de establecimientos militares, de los cuales queda aún en pie alguna casita de una sola planta para la oficialidad y amplios acuartelamientos, como el que ha albergado durante décadas el Regimiento de Automóviles de la Reserva General, idéntico al que se yergue en la carretera de Colmenar Viejo en las inmediaciones de Fuencarral.

Un curioso parque de automóviles

En el cuartel de Canillejas existió durante años un conjunto de hangares donde permanecieron varados grandes y singulares autocares, confortablemente amueblados y repletos de historia, en los que se firmaron pactos militares y políticos, reposaron generales, holgaron soldados o convalecieron combatientes de distintas guerras africanas, europeas y españolas. Se trataba de vehículos de gran tamaño adaptados para funciones sanitarias, castrenses o áulicas, muy del estilo de los que aparecen en las añosas fotografías de la Primera Guerra Mundial o la Guerra de África.

Por cierto, dos políticos españoles de histórica nombradía, Manuel Azaña e Indalecio Prieto, presidente de la República Española el primero y ministro socialista de Fomento, Defensa y Hacienda, el segundo, oficiaron de corresponsales de guerra, como prueban los testimonios gráficos guardados en el Ateneo de Madrid de la calle del Prado y en el Archivo del Movimiento Obrero de Alcalá de Henares, la perla complutense con la cual el metro de Madrid se apresta a conectar sus redes.

Canillejas, cuyo nombre titula un marquesado del siglo XIX, alberga, además, el estadio llamado de La Peineta, por la semejanza de tan potente edificio con un prendedor de cabello que empleaban las mujeres en España en algunas ocasiones solemnes, generalmente religiosas o festivas. A esta mole deportiva se propuso el traslado, desde la ribera del Manzanares, del estadio del Club Atlético de Madrid. El flamante recinto deportivo se levanta sobre una antigua escombrera, hecho que lleva a algunos a cuestionar la idoneidad de su emplazamiento.

Línea 5

El Capricho, gozo y penumbra

En la misma línea del ferrocarril metropolitano que cruza la estación de Canillejas, se encuentra la de El Capricho, un enclave mágico que parece aunar, en densa metáfora, una buena muestra del turbión de aconteceres inconexos que ha signado la historia madrileña. Se trata de una propiedad nobiliaria vinculada a la Casa de Osuna, una de las más poderosas de cuantas han oficiado en la corte madrileña, tanto que incluso llegaría a disponer de mucho más dinero y rentas que la propia Corona. Téllez y Girón fueron los apellidos del primer eslabón de su linaje, mezclado luego con otros ilustres nombres de la nobleza, donde su saga descolló en el siglo XVII. Fue Francisco de Quevedo, precisamente, secretario confidente de aquel duque caído en desgracia política tras verse envuelto en una conjura en la que él y el propio Quevedo quedaron enredados en la embajada española en Italia; el duque no solo salvó, sinó que multiplicó exponencialmente, su fortuna, la más grande del país hasta el arranque del siglo XIX.

¿Qué decir de las fuentes y fontines, casas de labor y exedras, estatuaria clásica y vegetación floral que adornan bellamente este enclave mágico, este parque excelente que abrocha Madrid por el noreste, en la zona más elevada de la ciudad? Es preciso recordar que una gran pradera que se abre a la mi-

rada tras penetrar al recinto del parque de El Capricho, jalonada en cada extremo por dos cornucopias de sencillo trazos, esconde la extraña simbología de un hecho de armas que estremeció a la corte de Madrid.

Los duelistas

Pues fue que en los procelosos años finales del reinado de Isabel II, en los albores de la revolución llamada Gloriosa, Antonio de Orleans, hijo menor del rey de Francia Luis Felipe, duque de Montpensier, y Enrique de Borbón, duque de Sevilla, primo, cuñado y cortejador de la Reina, celebraron un duelo a muerte en una campa militar situada en los Carabancheles, al suroeste de Madrid.

La bronca que les llevó a las armas tuvo sus causas en distintas circunstancias, no menor la del propio cortejo a la figura regia, pero también obedeció a la ambición política del primero, que ansiaba hacerse con la Corona para él o para los suyos, en medio de la zarabanda de acontecimientos revolucionarios, buena parte de ellos financiados por él, que estremecían la corte. Una ofensa verbal no bien curada llevó a los dos pistoleros a la campa, y allí, con padrinos como testigos, situados el uno del otro a nueve metros, mutuamente se dispararon. Tras fallar un primer disparo Montpensier, a quien correspondió el primer tiro —había pedido dispensa a los testigos para ponerse lentes—, Enrique falló el disparo consecutivo. Montpensier le ofreció entonces zanjar la fronda, pero el duque de Sevilla se negó, y resultó muerto, tras recibir un impacto que le reventó la cabeza.

Por haber derramado sangre real española, ya que Enrique era hermano de Francisco de Asís de Borbón, esposo de Isabel II, Montpensier, que se había casado con una hermana de la Reina de nombre Luisa Fernanda, se vio forzado a exiliarse de España, truncados sus deseos de coronarse rey tras el exilio de Isabel, en cuyo derrocamiento en 1868, con dinero e influencias, tuvo bastante que ver, al decir de los historiadores. Pero Montpensier no tardaría en volver a las andadas. Sus maquinaciones y amenazas le procuraron amplios territorios en Andalucía y poder sobre la política española e incluso americana, ya que fue postulado como futuro rey del Ecuador, al igual que el tío de su esposa, Francisco de Paula Borbón, lo fuera tiempo atrás como monarca del Río de la Plata, en Argentina.

No acabaron allí las aflicciones vividas o evocadas en el parque madrileño. Tras registrar las vicisitudes económicas de la otrora acaudalada Casa de Osuna, arruinada, recobrada, vuelta a caer y resurrecta en su prodigiosa fortuna, emparentó antes con la del Infantado; es decir, los poderosos Mendoza, del marquesado de Santillana, a su vez vinculados a los Hurtado y éstos a los Manrique de Lara, linaje del poeta Jorge, hijo del tan llorado almirante de Castilla.

La ciudadela subterránea

En la Guerra Civil de 1936-1939, por hallarse el parque en un lugar bien comunicado con el entonces aeropuerto madrileño de Alcalá de Henares, y en el paraje ciudadano más oriental y distante de la línea del frente de batalla, entonces tendido a lo largo de la Casa de Campo, en la zona occidental madrileña, El Capricho quedó convertido en 1937 en sede del Estado Mayor del general José Miaja y Cuartel General del Ejército Republicano del Centro. Brigadas de laboriosos albañiles, los mismos que horadaron las entrañas de Madrid para construir con extraordinaria soltura refugios subterráneos y centros de mando republicanos en enclaves como la plaza de Chamberí, edificaron bajo el parque una pequeña soterrada ciudadela blindada, con los principales adelantos de su época en cuanto a comunicaciones telefónicas y telegráficas se refiere. Además, el baluarte contaba con puertas de cierre hermético en todas las dependencias; cuerpo de guardia; sala de mapas; salones de estar; habitáculos para la guardia y para el jefe de la unidad, así como instalaciones destinadas a atención sanitaria, comedores, cocinas y baños. Estas estancias, funcionales y perfectamente proyectadas, con sofisticada ventilación y circuitos de acceso y salida, singularizaron este enclave bajo cota, ubicado entre siete y doce metros de profundidad, y provisto asimismo de caudalosos aljibes.

El infierno

El decurso de la Guerra Civil y su astillado final con la derrota militar republicana convirtieron el parque de El Capricho en un verdadero infierno, por ser escenario a primeros de marzo de 1939 de durísimos enfrentamientos armados intestinos del Ejército de la República. La batalla enfrentaba a quienes deseaban no rendirse a las tropas de Franco y proseguir la guerra, mayoritariamente combatientes del Partido Comunista, y quienes pugnaban por concluir cuanto antes la contienda, militares, socialistas y anarquistas seguidores del coronel Segismundo Casado, apoyado éste por el político del PSOE Julián Besteiro y por el líder anarquista Cipriano Mera. Los combates cobraron una inusitada virulencia, con la intervención de carros de combate, tanquetas y artillería, cuyo despliegue causó numerosas víctimas. La represión contra quienes se opusieron a la rendición fue inmediatamente aprovechada por las recién llegadas tropas de Franco para iniciar una primera aniquilación de combatientes comunistas, algunos de ellos, los que no habían muerto en los combates, apresados por las huestes de Casado y entregados directamente a las tropas franquistas.

Por cierto, la primera acción encomendada a las unidades recién llegadas, que entraron en Madrid desde Moncloa, en el confín del barrio de Argüelles —donde estuvo situada la cárcel Modelo—, fue una misión de cobertura. Se trataba de que la primera unidad arribada, una compañía que iba al mando del teniente Iturriaga, con prerrogativas de capitán, se instalara en el palacio de la Prensa de la Gran Vía; las órdenes recibidas le encomendaban que cubriera al mando militar —un teniente coronel a las órdenes del coronel Espinosa de los Monteros, con posterioridad embajador español en Berlín— que llegaría inmediatamente para interesarse por lo sucedido en torno a las instalaciones de una emisora clandestina situada bajo el portal de la sede de Unión Radio, futura sede de la Sociedad Española de Radiodifusión (SER), hoy en el número 32 de la gran arteria madrileña.

Desde los sótanos del edificio había operado una unidad radiofónica secreta vinculada a la llamada Quinta Columna, plataforma que, desde el Madrid republicano sitiado por Franco, operaba, con sabotajes incluidos, a su favor y dentro de la cual se distinguió por su actividad clandestina Manuel Gutiérrez Mellado, alias *Gurrimichi*. Este hombre, nacido en Madrid en 1912, militar dedicado luego a los Servicios de Inteligencia desde el Alto Estado Mayor como mano derecha del teniente general Manuel Díez Alegría, y vinculado durante la guerra a un clandestino Servicio de Información de Falange Española, en la Transición, a finales de la década de 1970, llegaría a ser ascendido a teniente general y nombrado por Adolfo Suárez vicepresidente del Gobierno para Asuntos de la Defensa.

El 23 de febrero de 1981, Manuel Gutiérrez Mellado mantuvo una actitud valiente frente a los golpistas que irrumpieron pistola en mano en el hemiciclo del Palacio del Congreso. Desde su nombramiento como vicepresidente del Gobierno centrista de Adolfo Suárez, el militar fue objeto de plantes exacerbados e injurias por parte de miembros de la extrema derecha militar. Ya retirado de la primera línea de la política, el teniente general Gutiérrez Mellado murió a la edad de ochenta y tres años el 15 de diciembre de 1995 en un accidente sufrido entre las localidades de Torremocha del Campo y Alcolea del Pinar, en la provincia de Guadalajara, cuando el automóvil oficial en el que viajaba rumbo a Barcelona patinó sobre el asfalto helado. Su propósito, truncado por el accidente, era pronunciar, en un centro universitario catalán, una conferencia sobre las Fuerzas Armadas durante el franquismo; el texto que había preparado para la ocasión quedó esparcido por el lugar donde ocurrió el suceso, una curva de elevado peralte.

Metro Líneas 3 6

Legazpi, vascos en el océano

Es ésta una famosa plaza donde el metro de Madrid abre dos bocas junto al histórico matadero y el río Manzanares. Su nombre es el mismo del descubridor vasco Miguel López de Legazpi, nacido en la localidad de Zubarraja. Fue él quien avistó por primera vez las islas asiáticas, a las que impuso el nombre de Filipinas en honor al rey de España bajo cuyo reinado su singladura se abrió paso hacia el Lejano Oriente. En la principal de tales islas —más de un millar de ellas componen el archipiélago—, Legazpi fundó en 1570 la ciudad de Manila, urbe considerada la perla hispana de Asia, donde murió apenas dos años después.

Filipinas se mantuvo unida a la metrópolis madrileña como feudo colonial hasta su independencia de España en 1898. Un monumento de gran empaque se alza en la avenida madrileña de las islas Filipinas en conmemoración a José Rizal, héroe independentista inmortalizado en bronce, que fue fusilado por las tropas coloniales en 1898. En el Museo del Ejército, ahora trasladado al Alcázar de Toledo, hay fotografías, estremecedoras, de su ejecución.

La plaza madrileña de Legazpi está formada por la confluencia de varias calles, como las de Bolívar, Manuel Aleixandre y Maestro Arbós, así como los paseos de la Cho-

pera y de los Molinos, cerca del de Delicias. Hoy, en el centro de la rotonda que singulariza la plaza, se encuentra uno de los caballos alados del grupo escultórico que, durante décadas, coronara cerca de Atocha el edificio del Ministerio de Agricultura, ahora de Fomento, una de las mejores obras, junto al edificio de la Escuela Técnica Superior de Ingenieros de Minas, del arquitecto Ricardo Velázquez Bosco. Este arquitecto burgalés fue asimismo autor del Palacio de Cristal del parque del Retiro, a modo de gran fanal o invernadero, construido a finales del siglo XIX para mostrar, precisamente, una exposición sobre la flora de las islas Filipinas.

El caso es que el gran palacio ministerial de la glorieta de Atocha, coronado a lo largo de siete décadas por aquellos caballos labrados por el escultor Jerónimo Suñol, asistió a un incidente causado por la intensa erosión ambiental que la estatuaria monumental sufre en Madrid. Tras desprenderse algunos fragmentos de la escultura y caer sobre viandantes que surcaban las inmediaciones, una decisión municipal envió el grupo escultórico al completo a un almacén de la calle del Áncora, detrás de la estación ferroviaria de Atocha. Su traslado se recuerda como una obra de titanes, dada la altura de las estatuas, de entre cinco y siete metros, dos de las cuales fueron posteriormente instaladas en la plaza de Legazpi y en el arranque de la calle de Marcelo Usera, mientras otra quedó varada en el jardín del recinto municipal, mutilado el brazo de un équite que cabalga sobre la grupa de uno de los caballos.

El Matadero de Madrid

Las bocas del metro de Legazpi miran hacia el Matadero, hoy instalación municipal dedicada a la difusión de la cultura pictórica, cinematográfica y literaria —alberga una Casa del Libro—, si bien hasta el último tramo del siglo XX fue paraje sacrificial de las reses cuya carne Madrid consumía. Obra del arquitecto municipal Luis Bellido y del ingeniero Eugenio Ribera, esta edificación ha sido considerada como ejemplo de las instalaciones de su género, donde la dimensión industrial y la arquitectónica se mezclan de manera armoniosa en una construcción muy funcional, con cuarenta y nueve pabellones de mediana elevación en los que predomina el ladrillo; sus edificaciones quedan dispuestas con una pauta modular perceptible.

La cercanía del río agregaba utilidad al enorme establecimiento, en cuyas inmediaciones se encuentra una de las joyas menos conocidas de Madrid: un invernadero de plantas tropicales y desérticas único en la Península Ibérica. Y ello pese a sus dimensiones reducidas, ya que abarca tan sólo la superficie interior de un palacete de unos cincuenta metros de fachada por cuarenta de profundidad y unos siete metros de altura, acristalado y roblonado. Cobija, no obstante, el pequeño edén donde muchos niños y niñas de Madrid pierden a sus tortugas mascotas, pues sus padres encuentran en los terrarios y lagunillas del jardín un paraje idóneo para los animalillos cuando, a su juicio, comienzan a molestar en casa. El inverna-

dero, que en Madrid se acostumbra denominar «estufa», quedó incólume pese a hallarse situado en el corazón mismo de las obras de ampliación y soterramiento de la vía de circunvalación M-30, obras que martirizaron durante un lustro a los pobladores de los barrios aledaños al río. No tuvo igual suerte un espléndido daliedo, que reunía una excelsa colección de dalias; fue inaugurado por el alcalde José María Álvarez del Manzano en las inmediaciones de la estufa, pero al poco tiempo fue eliminado por las obras de la autovía circular que perimetra el casco de la ciudad.

Línea 1

María Tudor, la reina enamorada

La reina inglesa María Tudor rubrica con su nombre una estación de la línea 1 del llamado Metro Ligero ubicada en la zona norte de Madrid. No resulta caprichoso tal nombramiento, habida cuenta de que esta reina fue la primera esposa de Felipe II, quien en 1561 otorgó a Madrid su condición capitalina. En medio de un siglo donde la hegemonía española prevalecía por doquier, María fue designada como pareja matrimonial de conveniencia entre las Cortes de San Jaime y la de Madrid.

Dice la tradición que al serle presentado un retrato de Felipe de Habsburgo pintado por Antonio Moro —era entonces la manera de conocerse a distancia—, la regia dama quedó prendada de su belleza masculina y asintió sin duda alguna al casamiento; éste había sido ideado para rebajar siquiera un poco los humos de la díscola Corona francesa, cuyos titulares se hallaban enzarzados en una serie de frondas de cuño religioso —el protestantismo hugonote se desarrollaba con intensidad ante el resquemor católico de los Médicis y los Guisa, con los Borbones atrapados en medio—, y los acontecimientos podían surgir por cualquier sitio y bajo cualquier forma, la de la guerra incluida.

El caso es que María y Felipe contrajeron nupcias primero por poderes y posteriormente, en 1554, mediante una ceremonia en la abadía de Westminster que atrajo todo el boato de la entonces muy pueblerina corte londinense, fascinada y sumida, a la vez, en la desconfianza sobre los verdaderos propósitos de los monarcas de la Casa de Habsburgo, cuyo primer titular, Carlos, ya había combatido a sangre y fuego el protestantismo en el territorio continental, mientras que su hijo Felipe se aproximaba tan veloz como firmemente hacia la reina católica, mayor que él, pero de él encaprichada. Ella había nacido en 1516 y era hija de Enrique VIII y Catalina de Aragón. Él, hijo de Carlos I el Emperador e Isabel de Portugal, nació nueve años después en Valladolid.

Felipe poseía entonces el atractivo de un joven príncipe que había recorrido Europa en un periplo de iniciación a las artes de gobernar comenzado en Milán. El viaje había sido promovido por su bien amado padre, e incluía artes como la del justar, cortejar, hacer música, escribir, poemar y todos cuantos verbos quepa contemplar en la cuidadosa educación principesca seguida entonces en torno del joven y rubio Felipe. Italia, Francia, Suiza, Austria y Alemania fueron los países destino del futuro monarca, que vivió entonces los mejores años de su prolongada vida.

Una vez en Londres, Felipe intentaría mitigar el rigor de las persecuciones religiosas de María contra los protestantes, tras suplicarle que la boda era una buena ocasión para la magnanimidad, demanda a la que ella atendió diligentemente. Tras un pequeño período de estadía de Felipe en Londres, a partir de 1554, el monarca, vallisoletano de cuna, regresó a Madrid, dejando en la capital londinense a su esposa, que murió pronto, cuatro años después de su boda, aún enamorada de su rubio marido.

Un benefactor de la ciudad

Felipe II fue un rey muy vinculado a Madrid, que ubicó en uno de los mejores lugares de la ciudad, la explanada abierta entre el Palacio Real y la catedral de la Almudena, una estatua extraordinaria realizada por los Leoni, la saga de escultores italianos a quienes llamó para que decoraran el monasterio de San Lorenzo del Escorial, al igual que hizo con Juan Bautista de Toledo, discípulo de Miguel Ángel, con la inestimable ayuda del hebraísta y sabio onubense Benito Arias Montano. Fue este pensador quien convirtió el monasterio, junto con la librería vaticana, en la principal biblioteca del orbe. Los libros se encuentran en sus estantes generalmente dispuestos con los lomos dorados hacia el exterior. Sus fondos incluyen la más importante colección de libros históricos relativos a botánica, islam, brujería y esoterismo, materias que interesaban especialmente al regio inquilino, que descubrió en el hebraísta andaluz, políglota traductor de la Biblia, al mejor consejo áulico en asuntos relativos a la cultura, en general, y a las humanidades, en particular.

Oriundo de Aracena, enclave célebre por sus singularidades supuestamente mágicas, se atribuye a Arias Montano la elección de San Lorenzo, en la falda del monte Abantos, como lugar idóneo para satisfacer el deseo regio de honrar la memoria de sus antecesores: edificaría allí un convento, que integrara asimismo un palacio, para asentar provisionalmente el despacho oficial del monarca en un recinto que adquiriría proporciones grandiosas. Agua en abundancia, madera y piedra, las tres constantes que caracterizan la sabiduría monacal, se daban profusamente en aquel viejo vertedero de escorias que cobraría universal fama gracias a Juan Bautista de Toledo y a su excelso continuador, el cántabro Juan de Herrera, que estuvo enterrado en la iglesia de San Nicolás de los Servitas, en pleno casco viejo madrileño, junto a la calle de Segovia. Una lápida mural situada bajo el coro así lo indica.

Las otras estaciones

El humor suele mostrar en Madrid un timbre de distinción, ya que posee personalidad propia. Si es que cupiera generalizar en este ámbito, la ironía con cierto tinte sardónico sería la clave más habitual en cuanto a humor madrileño se refiere. La otra dimensión es la que adquiere el humor de Madrid en clave zumbona. A esta categoría pertenece la singular gamberrada perpetrada durante el año 2008 por activistas mayoritariamente femeninas, ocultas bajo máscaras, que se dedicaron de manera laboriosa a cambiar los nombres de numerosas estaciones de metro. Empleando denominaciones fonéticamente parecidas, ora con profusión metafórica, ora con recursos al retruécano, trastocaron en clave jocosa el nomenclátor de algunas estaciones de manera que la de Puerta de Toledo pasó a llamarse Tuerta de Toledo; la de San Blas fue rebautizada como San Epi; la de Goya, por la de Poya; Banco de España sería Manco de España; Ópera quedó en Pera; Sol se transformó en Tornasol; Gran Vía pareció como Gran Día; Bilbao fue cambiado por Bilbado; García Noblejas quedó en García Mollejas, y así muchas otras, como la de Pavones, trocada por la muy mollar de Pivones.

Resulta chocante que los nombres, originales o cambiados, que definen las estaciones madrileñas compongan una zara-

banda errática, ya que si bien no obedecen a extrañas razones, en muchos casos no guardan la menor relación con el contorno en el que se sitúan. Así, la estación de Peñagrande, en su origen Valdezarza, se hallaba situada más cerca de la avenida de la Ilustración que del barrio de igual nombre, mientras que la estación de la avenida de la Ilustración quedaba encardinada en la de Peñagrande.

Otras terminales dan lugar a confusiones, como es el caso de La Almudena, en la prolongación de la línea 2, cuyo nombre se mimetiza con el cementerio situado en la zona oriental de Madrid y también llamado del Este, si bien puede llevar a un visitante a creer que corresponde a la parada más cercana a la catedral de Nuestra Señora de la Almudena, situada al otro lado, el occidental, de la ciudad.

Son excepcionales, por su escaso número, las estaciones de metro que cuentan con una sola salida a la calle, por lo cual la pluralidad de accesos y salidas es una constante que da lugar a confusiones, ya que los nombres difieren del que nombra la estación. Así, por ejemplo, la estación de Cruz del Rayo posee una boca a Príncipe de Vergara, que nombra asimismo otra estación de la línea 2 y que se llama de igual manera que una boca de salida de la estación de Concha Espina. Muchos de estos accesos suplementarios se cierran ocasional o temporalmente por razones múltiples, como obras de mejora y modernización o por falta de personal para su cuidado y mantenimiento.

Hubo otras estaciones cuyos nombres fueron alterados por razones políticas, estéticas o de otro tipo. Fue el caso de la del Hospicio, nombre que en 1917 no acabó de gustar en la Casa Real, entonces paladina del decoro público, ni en el Ayuntamiento para definir una parada de la primera línea inaugurada por el Rey entre Sol y Cuatro Caminos. Por ello, aquella primitiva denominación fue cambiada por la de Tribunal, al hallarse la estación situada en las inmediaciones del Tribunal de Cuentas. Es éste un edificio grande de la calle de Fuencarral que abre el paso al barrio de Malasaña y que está enclavado frente al palacio que albergó durante siglos la Inclusa madrileña, porticada en el siglo XVIII en estilo churrigueresco por Pedro de Ribera. El recinto fue posteriormente albergue del Museo Municipal, hoy convertido en Museo de Historia, en cuyas obras de transformación se descubrió una enorme noria que se cree vinculada al sistema hidráulico allí existente, sepultado por la ampliación de la calle y que se encontraba muy cerca de un famoso pozo de nieve.

Pocos saben que en el siglo XVII era frecuente en Madrid, en las grandes casas y mansiones, tomar helados, puesto que el hielo se conservaba en grandes almacenes periféricos —los pozos de nieve— a su llegada a la ciudad desde las sierras más próximas. La nieve y el hielo llegaban a lomos de caballerías que los trasladaban envueltos en helechos, antiquísimos vegetales isotérmicos muy propios para tales menesteres. El trasiego de pescado, sobre todo del norte, de Galicia y Asturias, que desde siempre se ha consumido en Madrid, a unos quinientos kilómetros en línea recta del punto norteño más próximo, tenía su propia historia: eran los acemileros leoneses, más precisamente los maragatos, quienes lo trasladaban en sus caballerías hasta depósitos situados en la ruta que conectaba el litoral con la ciudad. Los depósitos mantenían el hielo procedente también de pozos de nieve y el milagro se consumaba.

Línea 9

Concha Espina, letras de la Montaña

La escritora montañesa (Santander, 1869-Madrid, 1955) da su nombre a una moderna estación situada en el barrio de Chamartín, en la zona más alta de la ciudad, entre el fin de la calle de Serrano y el tramo medio del paseo de la Castellana.

Concha Espina y Tagle fue una renombrada novelista muy premiada en una época en la que la presencia de la mujer en la arena literaria mostraba una posición secundaria. Sus novelas, algunas tan famosas como *La esfinge maragata* o *La rosa de los vientos*, destilan un laborioso estilo intimista, donde la influencia del costumbrismo del gran escritor paisano suyo, José María de Pereda, se deja notar. Fue Concha Espina mujer creadora de una estirpe de escritores, periodistas y artistas como la saga de los De la Serna, con su hijo Víctor y su nieto Jesús de la Serna como exponentes periodísticos, y su bisnieto Luis Eduardo Aute, cantautor y músico, considerado compositor de algunas de las mejores canciones del último tercio del siglo XX y, asimismo, celebrado pintor.

El Viso

A la vera de la estación de metro de Concha Espina, homónima de la vía pública así llamada que abarca desde la avenida del Príncipe de Vergara hasta la plaza de Lima, se encuentra la colonia de El Viso, nombre que se aplicaba en su origen a las primeras urbanizaciones periféricas madrileñas, situadas en el límite de las tarifas ordinarias de los taxis. Se trata de uno de los barrios de mayor uniformidad de Madrid, habida cuenta de la trama de viviendas unifamiliares con jardín, mayoritariamente chalés de estilo racionalista, que fueron diseñados por arquitectos como Luis Blanco Soler y Rafael Bergamín, paulatinamente alejados del historicismo costumbrista y vinculados ya a las corrientes, en clave estilística austroalemana, predominantes en Europa a partir del primer tercio del siglo pasado.

Resulta curioso que muchos de estos chalés adquieran la apariencia de barcos, con pabellones en forma de chimeneas de grandes buques, y complementos del tipo de los ojos de buey, esas características ventanas de los navíos, escalas metálicas y barandillas marineras, donde los recercados de las ventanas y el color de la tubería externa fueron ideados siempre en colores blancos, de tanta significación en el mundo naval.

La Colonia de El Viso ha sido, a lo largo de casi un siglo, morada de familias de la alta burguesía madrileña, así como residencia de diplomáticos en misión en Madrid o sede de legaciones extranjeras o consulados de estados acreditados en la ciudad, como la URSS, Marruecos o Nigeria. La cercanía de las aguas freáticas singulariza el barrio por la profusión de arbolado que crece sano por doquier y que otorga a los jardincillos de las casas un aspecto florido en primavera y verano, umbrío y otoñal en las otras estaciones del año. Las casas son en su interior confortables o, más que confortables, muy prácticas, por tener diferenciadas sus estancias, distribuidas generalmente en tres pisos, con sótano accesible desde el jardín, planta baja con salón, planta alta donde se sitúan los dormitorios y planta superior, no abuhardillada por ser habitualmente planos los remates de los chalés, con solarios o terrazas. En un chalé de este tipo, situado muy cerca del estadio Bernabéu, residió el futbolista Alfredo Di Stéfano, tuvo su estudio el arquitecto navarro Rafael Moneo y su vivienda el también arquitecto, extremeño, Dionisio Hernández Gil.

Mamuts castizos

Otro de estos chalés, situado en la calle de Serrano, alberga una de las instituciones más desconocidas pero culturalmente más importantes de Madrid: el Instituto Arqueológico Alemán, pionero en la investigación prehistórica científica aplicada en España desde el arranque del siglo XX, cuando su precursor, Hugo Obermaier (1877-1946), gozó de enorme nombradía al haber contribuido a interpretar hallazgos paleontológicos de extraordinaria importancia en las llamadas terrazas del Manzanares, situadas en una zona contigua al cementerio sacramental de San Isidro, en la margen izquierda del río. Tanto allí como río abajo, en Ciempozuelos, fueron descubiertos animales prehistóricos (mastodontes, elefantes, mamuts y rinocerontes), que otorgaron a la ciudad un poderío paleontológico tan singular como para permitir que la comunidad científica internacional nombrara algunas de esas especies, ya extinguidas, claro, con el adjetivo científico de *matritensis*, en honor al lugar donde fueron hallados.

Metro Línea 6

Carpetana: aflora un ajuar arqueológico

La estación de metro de Carpetana, situada en la línea 6, ha sido identificada con un pequeño pero sustancioso museo paleontológico, que fue abierto al público en el año 2010 dentro de sus instalaciones. Los tesoros prehistóricos que alberga fueron casualmente descubiertos durante las obras de instalación de un ascensor para los viajeros. Las osamentas y vestigios de los animales de grandes dimensiones allí hallados proceden de la etapa geológica conocida como Mioceno Medio; algunos de ellos han permanecido en el subsuelo de esa zona del oeste de Madrid durante catorce millones de años.

Los hallazgos fueron detectados en el mes de marzo de 2008 a profundidades comprendidas entre ocho y veintitrés metros, por operarios de la constructora Sacyr, a la que se le encomendaron las obras, que se prologaron durante veintiséis meses, casi año y medio más del plazo de ejecución previsto, a consecuencia de la importancia de lo hallado en su subsuelo. El ajuar descubierto es, en términos arqueológicos, fabuloso: más de quince mil restos de fósiles pertenecientes a animales de especies ya extinguidas o bien modificadas por la evolución y la adaptación a un medio natural que entonces podía ser considerado como selvático, primero, y de sabana después.

Tortugas de mil kilos

La enorme cantidad de fósiles encontrados y su diversidad determinan la importancia de esta excavación, que fue realizada desde dos focos distintos y seguida con mucha expectación por numerosos vecinos y vecinas del barrio madrileño, vertebrado por la llamada vía Carpetana, una ronda que recorre un arco del occidente madrileño.

Los fósiles son seres vivos petrificados que conservan características estructurales primigenias. Entre los más relevantes descubiertos en el subsuelo de la estación de metro de Carpetana, figuran los procedentes de un mastodonte, un enorme mamífero de cuatro metros de grupa provisto de dos parejas de colmillos, dos de ellos curvos y dos planos inferiores unidos, todos de marfil. Causa sorpresa imaginar cómo fue en vida el oso-perro hallado, con un peso aproximado a los trescientos kilos y provisto de una feroz mandíbula. También fueron descubiertas las osamentas de un temible oso-lobo, así como de rinocerontes, pumas, antílopes, ginetas, jabalíes y de otros graciosos animales, a saber, caballitos con tres dedos en cada pezuña.

La entonces riqueza pluvial del cercano río Manzanares y la configuración lacustre del área en aquella remota época han permitido localizar también restos de tortugas de un peso de hasta una tonelada y macropredadores como el perteneciente a la especie denominada *Amphicyon giganteus*, feroz acosador.

En casi todos los yacimientos arqueológicos del territorio madrileño, no sólo se atesoran restos paleontológicos, sino también vestigios vegetales de las épocas concernidas, y ello ha ocurrido también en el subsuelo de la estación madrileña de Carpetana, donde se encontraron numerosos tipos de pólenes de especies arbóreas, señaladamente hayas y laureles, de gran valor para las investigaciones que su hallazgo desencadena. De la misma era geológica micénica media son los restos hallados en las obras del metro de O'Donnell y Barajas.

El vestíbulo de la estación de Carpetana muestra en una vitrina de grandes dimensiones una reproducción en resina de la descomunal mandíbula del mastodonte *Gomphoterium angustidens*, con molares del tamaño de un puño de varón adulto, mientras que en otra puede verse uno de sus colmillos superiores. El museo exhibe la narración dibujada donde se describe la fauna fósil hallada, recorrido que culmina en una amplia sala. En ella, un panel de cinco metros de longitud por dos de altura explica mediante vistosos fotomontajes cómo era el hábitat madrileño hace catorce millones de años: cientos de animales pastaban sobre feraces praderas encharcadas, bosques, sabanas y una llanura surcada por un anchuroso río, cuyas dimensiones, dicen los arqueólogos, podían ser las de un lago de proporciones considerables.

Línea 4

Lista, un polvorín secreto

La riqueza paleontológica descrita a propósito de la estación de Carpetana revela la importancia que las redes de ferrocarril metropolitano, en general, y la madrileña en particular, presentan por la envergadura y volumen de las excavaciones que se acometen para tender sus trayectos. Los túneles muestran una utilidad múltiple, benéfica en ocasiones, a veces trágica, como se explica a continuación.

La estación de metro de Lista, situada en la zona oriental del barrio de Salamanca, lleva el nombre de un respetable sacerdote ilustrado, Alberto Lista, cuyos planteamientos doctrinales mostraban la particularidad de ser compatibles con el librepensamiento, actitud filosófica habitualmente reñida con la dogmática religiosa.

La estación fue construida dentro del circuito seguido por la línea que conecta las paradas de Goya y Diego de León. La de Goya fue ampliada con un ramal específico para satisfacer la necesidad de conectar el centro de Madrid con barrios periféricos populares como Prosperidad y la Guindalera, donde el crecimiento de su población hacía ponderar a los —

entonces— responsables de la Compañía Metropolitana la oportunidad de la ampliación de líneas. El caso es que en el año 1931 se convocó un concurso para construir la nueva línea, que ganó Agromán EC. Esta empresa empleó a un millar de obreros, que permanecieron metidos en faena durante trece meses, tres menos de los previstos. Las obras costaron siete millones y medio de pesetas.

En 1932 entró en funcionamiento, y permaneció activa hasta el estallido de la Guerra Civil, cuando los reiterados bombardeos contra la ciudad por parte de la artillería franquista, instalada en la Casa de Campo, y los perpetrados por la aviación militar alemana, Luftwaffe, al servicio de los intereses nazis, cambiaron muchas pautas del comportamiento en Madrid.

A salvo de las bombas

En principio, muchas estaciones de metro adquirieron la condición de refugios antiaéreos, en los que buscaban protección, sobre todo, transeúntes sorprendidos por el fragor de las bombas, que, de manera inmisericorde, batieron casi toda la ciudad a lo largo de la contienda y provocaron numerosas víctimas.

Testigos de aquellas terribles jornadas, como el camillero de Cruz Roja, Francisco Lucas Sansón, vecino de Santa Eugenia, han dado una idea de la intensidad del castigo artillero y aéreo: sirva como ejemplo su propio caso, pues aun iniciando su servicio de voluntario mediada la guerra, se vio obligado a intervenir en más de trescientas acciones de socorro por culpa, en su mayoría, de bombardeos. En los últimos días de la guerra, su valerosa trayectoria fue premiada con una codiciada condecoración al mérito sanitario.

Un arsenal

Una zona de Madrid, sin embargo, quedó exenta de las agresiones artilleras y de los bombardeos aéreos: precisamente el barrio de Salamanca, considerado por las autoridades republicanas como «pro rebelde», ya que en él residían numerosos familiares de los militares alzados contra el Gobierno legítimo, por lo que los disparos desde los aviones o las piezas artilleras instaladas en el cerro de Garabitas, intencionadamente y por tal razón, eludían incluirlo entre sus blancos. Todo ello llevó a las autoridades republicanas a cerrar el ramal que surca de Goya a Diego de León a través de la estación de Lista y a decidir la instalación en su interior de una cadena de montaje de munición, donde fueron empleadas centenares de mujeres, así como un arsenal de explosivos.

El caso fue que el 10 de enero de 1938 una estremecedora explosión tuvo lugar en la estación de Lista, señaladamente en la zona de la boca que sale a la calle de Don Ramón de la Cruz, como ha explicado la revista *Andeneros*, editada por la asociación de Amigos del Metro de Madrid, fundada en 2006.

Otros testimonios señalan que la sacudida fue tan violenta que levantó parte de la calle de Torrijos (hoy Conde de Peñalver) y destrozó el vestíbulo de la estación de Lista; la deflagración se escuchó perfectamente en la estación de Banco de España, a unos tres kilómetros en línea recta del lugar donde explotó el polvorín, según comentaron algunas personas que se encontraban en la plaza de Cibeles. Las causas de aquel desastre, al igual que el número real de víctimas, aún hoy se desconocen. Unos aseguran que se trató de un sabotaje de la llamada Quinta Columna, la organización secreta franquista que realizaba acciones armadas y causaba numerosos estragos en la retaguardia republicana; pero esta tesis no casa con el aparente respeto por este barrio que mostraban los franquistas, donde residían muchas de sus familias. Otros se refieren a causas accidentales, como el descuido de un cigarrillo mal apagado o desencadenantes derivados de fallos técnicos en la manipulación de explosivos o municiones. El caso es que al bando franquista no le beneficiaba el atribuirse tan luctuoso suceso —se habló de un millar de víctimas mortales, balance contabilizado en todo caso en varios centenares de muertes— y tampoco le convino airearlo al bando republicano, celoso de guarecer la moral ciudadana en un Madrid asediado parcialmente por el oeste, desde donde era castigado a diario.

Por esta doble razón, difícilmente pueda ser acuñada algún día la información veraz de aquel hecho, que tuvo por escenario una estación de metro y que configura la metáfora maléfica de lo que puede acaecer en los túneles de una terminal subterránea de ferrocarril, cuya contraparte benéfica fue, sin duda, el hecho de que muchas de las bocas de metro del Madrid de la Guerra Civil sirvieron de amparo y refugio a miles de madrileños y madrileñas sorprendidos en plena vía pública por los sangrientos bombardeos.

Iglesia, amparo de la sinagoga

Una de las estaciones más céntricas de Madrid se encuentra situada bajo la glorieta de Iglesia, eje del barrio de Chamberí, que, si bien pasa por ser uno de los más castizos de la ciudad, deriva su nombre del francés Champ de Berry. Un templo católico, de apariencia muy vulgar, abraza la glorieta, detrás de la cual, en la calle de Balmes, se encuentra la principal sinagoga madrileña.

La comunidad judía

La comunidad judía de Madrid, a la sazón presidida por Jacob Israel Garzón, inauguró en ella en 2007 su Museo de Historia, en un acto presidido por los anfitriones, la presidenta del Gobierno regional, Esperanza Aguirre, y el alcalde de Madrid, Alberto Ruiz-Gallardón. El museo, ideado por el arquitecto judío-argentino Fabio Schneyder, se hallaba repleto de información gráfica y textual; ocupa una parte de la planta baja del edificio concebido para albergar un centro religioso, dedicado a la oración y al rito, que fue dotado de una biblioteca con ricos fondos cabalísticos para su estudio.

De Argentina procede aproximadamente la tercera parte

de los judíos asentados en Madrid, generalmente askenazis, de origen centroeuropeo, aunque son mayoritarios los de raigambre sefardita, denominación derivada del nombre de España en hebreo antiguo, Sefarad, que designa asimismo a la población judeoespañola dispersa tras la expulsión de los judíos de España ordenada por los Reyes Católicos en 1492. Entre los que se fueron figuraban antepasados del filósofo universal, nacido en Holanda, Baruch Spinoza; ellos, como muchísimas otras personas, buscaron refugio en distintos lugares de Europa y del Norte de África, y algunos conservaron como un tesoro las llaves de sus últimas moradas en España.

El retorno de judíos a Madrid se produjo de manera gradual a partir de mediados del siglo XIX. Posteriormente, durante el éxodo desencadenado por el comienzo de la Primera Guerra Mundial, el líder sionista Max Nordau llegó a España y se convirtió en uno de los fundadores de la comunidad judía de Madrid, donde residen unos quince mil de los aproximadamente cuarenta y cinco mil judíos asentados en España. En Barcelona vive otro tercio de los judíos de nuestro país, mientras que el resto reside en distintos lugares de la Costa del Sol, la zona levantina y el área de Gibraltar, donde su antiguo gobernador, sir Joshua Hassan, profesaba esa religión monoteísta.

El anfitrión de Albert Einstein

Ignacio Bauer y Landauer, renombrado representante de la vida social y económica madrileña, y el catedrático de Lengua Hebrea en la Universidad Complutense Abraham S. Yahuda crearon en 1917 la primera sinagoga, llamada Midrás Abarbanel, que estuvo en el número 5 de la calle del Príncipe, cerca de la Puerta del Sol y de la plaza de Santa Ana.

Bauer ejerció de anfitrión cuando Albert Einstein vino a Madrid para dictar una conferencia en la Residencia de Estudiantes en el año de 1923. Ambos se fotografiaron juntos en el Hotel Palace, donde se tributó un homenaje al renombrado científico.

En aquellos años, dada la omnipresencia del ideario católico en la vida social de Madrid, los judíos no podían ser sepultados en un cementerio propio, por lo que eran enterrados en el que posee aún hoy en las inmediaciones de la sacramental de San Justo la embajada de Su Majestad británica, que les cedía su suelo, y es allí donde cabe contemplar el sepulcro del prócer Ignacio Bauer. El cementerio tiene en el frontis de su acceso el escudo de la Union Jack, timbrado, curiosamente, con el lema normando en francés «*Dieu et mon droit*». En el año 1922, la comunidad judía dispuso finalmente de un área propia para sus enterramientos dentro del cementerio civil contiguo al de la Almudena, al que se añadiría otro, en 1979, situado en Hoyo de Manzanares.

En sus primeros tiempos madrileños, los israelitas, que así se llamaban entonces, se reunían en un entresuelo de la calle de Hermanos Miralles y en un piso de la calle de Cardenal Cisneros. Su visibilidad social fue escasa hasta que, en 1931, bajo la República, el diario conservador *ABC* publicó en su primera página una fotografía de una boda por el rito hebreo, como expresión de libertad religiosa. Con el estallido de la Guerra Civil, la sinagoga madrileña fue cerrada y sus bienes enviados a Murcia en el año 1938. Como aspecto singular, una unidad militar compuesta netamente por judíos combatió en las Brigadas Internacionales. Muchos de sus componentes caídos fueron enterrados en el cementerio de Fuencarral.

Entre las joyas que atesora el Museo Judío de la calle de Balmes figura una Torá, libro sagrado de los hebreos, que se despliega desde unos rollos; la lectura se sigue con un puntero de metal, llamado *yad*, que indica el curso de la mirada sobre la palabra escrita, capital en el universo religioso mosaico. El 31 de marzo de 1992, los Reyes de España, don Juan Carlos y doña Sofía, asistieron en la sinagoga a una ceremonia solemne para conmemorar el quinto centenario de la expulsión de los judíos de España. Quinientos años después de aquel infausto episodio, el Rey y la Reina restañaban simbólicamente la herida infligida en 1492 al pueblo judío, cien mil de cuyos hijos huyeron de España hacia Portugal, de donde fueron expulsados a su vez en 1496, viéndose obligados entonces a dispersarse por el Norte de África, el Mediterráneo Oriental, el Asia Menor y la Europa del Norte.

Durante una dilatada época de la Edad Media, los judíos disfrutaron en España de una vida serena y laboriosa, mientras en Inglaterra, en la Occitania francesa y en Italia sufrían crueles persecuciones, que ensangrentaron numerosas ciudades donde los hebreos quedaron obligados a residir marginados en guetos. Posteriormente, las hostilidades contra los judíos alcanzaron proporciones dantescas en la Rusia zarista, preludio del holocausto perpetrado por los nazis.

Chamberí, la estación fantasmal

Es de resaltar la decoración de la fantasmal estación de Chamberí, que fue cerrada al público, que no al tráfico, en 1966 a consecuencia de sus dimensiones: la adquisición de trenes de mayor tamaño que el propio de la longitud de sus andenes forzó el cierre, si bien se conservaron sus ornamentaciones y reclamos comerciales, verdaderas joyas documentales publicitarias en las cuales se aprecia claramente la feliz conjunción entre artesanía decorativa y mercadotecnia. Los anuncios conservados, de gran formato y superficie ligera

mente combada según la forma impuesta por el túnel donde se inserta el apeadero, muestran recuadros destellantes por la pátina de cobre al uso en la época en la que fue abierta la estación, perteneciente a la primera línea de la red. La tipografía, muy cuidada, refleja normas de armonía entre los distintos tipos y colores. Uno de los anuncios habla de las lámparas de una firma holandesa y muestra, a tamaño natural, la figura de una campesina de aquel país para remarcar la calidad y seriedad del producto anunciado. Lo que pocos madrileños y forasteros conocen es que en aquellos años hubo entre Madrid y La Haya un gigantesco trueque de lámparas holandesas por piedra española, más precisamente, gallega, que los Países Bajos demandaban para ganar, como hicieron, tierra firme al mar. España obtenía así a cambio aparatos eléctricos, desde bombillas a condensadores, circuitos y máquinas, de los que andaba muy necesitada.

El caso es que la estación de Chamberí ha sido convertida en un embrión de Museo del Metro, donde se conservan taquillas primitivas, grises, así como barandillas, pasamanos y carteles indicadores de la línea —se aprecian claramente las sucesivas ampliaciones del recorrido por las fisuras de los paneles que las inscriben, cada una de las cuales marca una estación nueva añadida al dibujo original—. Destacan sobremanera las fábricas empleadas en las bóvedas de los pasillos, con refulgentes losetas de cerámica cuidadosamente rematadas en sus junturas, los duros suelos de pequeños baldosines, la envoltura espacial que se percibe al transitar por los corredores…

Por las acristaladas mamparas que hoy jalonan los extremos de los andenes de la estación de Chamberí cruzan los trenes que surcan la línea 1, que conecta la parada de Alonso Martínez con la de Iglesia. Los viajeros atraviesan el apeadero fantasmal iluminado con las luces de la época, precisamente bombillas de pocos vatios, lo cual genera una suerte de morbo espectral que invita a visitarlo, cosa que puede hacerse durante los fines de semana. La entrada a la vieja estación es una construcción moderna a base de hormigón y cristal que se alza a un lado de la plaza de Chamberí, un poco antes de la calle de Luchana.

Un corazón soterrado

Por cierto, bajo esa misma plaza, apenas a medio centenar de metros del túnel ferroviario metropolitano, durante las obras de construcción de un estacionamiento para vecinos residentes, fue redescubierto hace treinta años un conjunto de pasillos subterráneos, a base de ladrillo, techos abovedados y frescos respiraderos, todo ello de una hechura impecable, que concurrían en un gran salón central. A la red de túneles se accedía desde un convento de religiosas que aún permanece ubicado en el extremo oriental de la plaza. ¿Qué escondía aquel misterioso dédalo?: aquello era uno de los principales centros subterráneos de mando del Ejército republicano, conectado con otros recintos secretos a través de hondos corredores tenuemente iluminados que discurrían por la calle de Santa Engracia hasta la glorieta de Alonso Martínez y la calle de Génova, para ir a adentrarse bajo la calle de Conde de Xiquena con la sede del Ministerio de Defensa, hoy Cuartel General del Ejército, en el palacio de Buenavista, junto a la plaza de Cibeles.

¿Fue aprovechada la trama de túneles de la línea del metro para adosarle aquel establecimiento militar subterráneo, dado el carácter de refugio antiaéreo que el suburbano madrileño adquirió durante la Guerra Civil? ¿O fue, por el contrario, que aquel centro de mando era preexistente y su trazado se reutilizó para hacer surcar por allí la línea metropolitana? No se sabe a ciencia cierta; lo que sí parece evidente es la practicidad de la interconexión de ambas redes, castrense y civil, con miras a la seguridad de vecinos, militares y viajeros ante los ataques aéreos en superficie con los que Madrid fue abundantemente castigado a lo largo de la contienda.

Metro Línea 5

Eugenia de Montijo, emperatriz

La sevillana Eugenia de Montijo da nombre a una estación ubicada entre la de Aluche y la de Carabanchel, dos importantes enclaves del oeste de la ciudad, la primera denominada así por la presencia en su territorio de un arroyo de ese nombre, y la segunda, presumiblemente, paraje medieval de caravanas que recibió su nombre de la misma palabra que emplearon históricamente los persas para definir los cortejos de vehículos tirados por caballerías. Eugenia de Montijo, condesa de Teba, que llevaba por apellidos los de Portocarrero, Guzmán y Kirkpatrick, llegó a ser la española más universal de su siglo. Formaba parte de la aristocracia andaluza. Nació en Granada en 1826 y, gracias a los nexos sociales de su familia, conoció a Napoleón III, Emperador de Francia, con quien contrajo matrimonio en 1853. Su unión perduró hasta la muerte de su esposo en 1873. Dos años antes, él había sido destronado, tras la derrota de las armas francesas en Sedán, que selló a favor de Alemania la guerra franco-prusiana.

Eugenia deslumbró a la corte de París por su belleza y elegancia, cánones que impuso allí. Tres marquesados, cinco condados, un vizcondado y hasta veinte condecoraciones reuniría esta andaluza madre de un único hijo, Luis Napoleón, que murió en la flor de la vida en África del Sur a manos de indígenas zulúes. Llegaría a ser regente en tres ocasiones, durante ausencias de su esposo. Presidió la apertura del canal de Suez, proyecto ideado por Fernando de Lesseps, a quien le vinculaba cierto parentesco. Se instaló en Inglaterra tras la caída política de su esposo, pero vivió buena parte de su exilio en la localidad costera francesa de Biarritz, playa que contribuyó a poner de moda con su presencia. Durante una visita a Madrid, en 1920, falleció a los noventa y cuatro años, en el palacio de Liria, casa de sus parientes los duques de Alba.

La estación de metro Eugenia de Montijo da acceso a un barrio de caserío muy irregular, uno de los más populosos de Madrid, donde se percibe claramente la traza del desorden que presidió el crecimiento suburbano de esta zona incorporada a la ciudad a golpe de decreto bajo el franquismo y que históricamente sirvió de lugar de veraneo a la élite acomodada madrileña, entre la que figuró la familia de Eugenia de Montijo, una de cuyas hermanas se casó con el duque de Alba. Expresión de ello fueron el palacio y la finca de Vista Alegre, uno de los enclaves más singulares de la periferia madrileña.

Vista Alegre

Básicamente, finca y palacio se insertan en un parque paisajista, de inspiración inglesa, construido a principios del siglo XIX por impulso de los dueños de la fábrica Platerías de Martínez. Esta factoría, a la que se debe el esplendor orfebre de la ornamentación madrileña, estuvo instalada en la zona frontal del Museo del Prado hasta el primer tercio de aquel siglo, donde hoy se conserva una plaza que lleva su nombre. En 1832, la finca de Vista Alegre fue adquirida por la reina

María Cristina, cuarta esposa de Fernando VII y regente a su muerte. En 1859 pasó a ser propiedad del marqués de Salamanca, quien contrató al arquitecto Narciso Pascual y Colomer, autor del palacio de las Cortes, que aplicaría en tan singular predio las tipologías arquitectónicas más expresivas del esplendor de la burguesía del Madrid decimonónico, dotándole de un alto valor artístico y patrimonial.

La finca tiene hoy cuarenta y cuatro hectáreas, consta de veintiocho edificios e incluye dos palacios, una capilla y un pequeño teatro, así como varios estanques, aljibes, fuentes, fontines, norias y grutas, dentro de un ámbito ajardinado vallado por un histórico tapial mampostero. El predio posee un ajuar vegetal dotado de medio millar de árboles, treinta y cinco de los cuales están catalogados como singulares por su ancianidad y rareza; cuenta con agua abundante, certeza que implicó que las obras de construcción de la línea 5 de metro, entre las estaciones de Casa de Campo y Marqués de Vadillo, contaran allí con dificultades añadidas.

Por otra parte, la riqueza arqueológica del subsuelo acentuó la sensibilidad exigida para operar en él, habida cuenta de que en Carabanchel surgieron vestigios no sólo paleontológicos, sino también históricos, como el de una villa romana conectada a lo que se cree que fue el origen citadino madrileño en torno a la mítica Miaccum, en la que algunos han creído ver un pionero enclave latino. La villa romana se hallaba en las inmediaciones de la iglesia de Nuestra Señora o Santa María la Antigua, uno de los templos medievales más veteranos del área central de la Península.

El tesoro de Vista Alegre, incrustado en la trama urbana de Carabanchel, no conserva en plenitud su traza original, ya que paulatinamente sufrió la incorporación de instalaciones de usos muy diferentes de los de sus primitivas funciones como palacio de recreo, jardín paisajista y granja. En su testamento, el marqués de Salamanca, que murió allí en 1883, dispuso que se instalaran institutos de beneficencia; pero consecutivos gestores de sucesivos centros filantrópicos allí asentados olvidaron el cuidado del conjunto palaciego y medioambiental, de manera que numerosas actuaciones de la denominada en la posguerra Dirección General de Regiones Devastadas, que desplegó supuestos planes de reconstrucción del país, emplazaron en el interior de la finca instalaciones como la de un psiquiátrico o un reformatorio, sin la menor sintonía arquitectónica o paisajística con su privilegiado contorno, cuya historicidad y riqueza artística y patrimonial, como la de tantos otros enclaves, no fueron respetadas.

Tras la recuperación de la democracia a partir de la Constitución de 1978 y con el surgimiento de las nuevas instituciones democráticas, el Gobierno regional madrileño se hizo cargo de la titularidad de varios predios fundiarios, entre ellos el de Vista Alegre, donde erigió o mantuvo una decena de edificios desplegados desordenadamente sobre trece parcelas de la finca, desde una Academia de Danza llamada María Ávila al Instituto Musical Moreno Torroba, así como un centro de formación de adultos y profesores, más otro de mayores, además del Instituto de Enseñanza Secundaria Vista Alegre y otros edificios. En el recinto quedaron asimismo instalados dos colegios de huérfanos de militares y policías.

Línea 5

Marqués de Vadillo, la mirada hacia el río

La estación lleva el nombre de uno de los alcaldes administrativamente más longevos de Madrid, entonces llamados corregidores, que gobernó la ciudad entre 1715 y 1729. Pertenece a la línea 5 y tiene sus bocas en la ribera derecha del puente de Toledo, magnífica construcción del arranque del siglo XVIII que mandó edificar —sobre otro preexistente— Francisco Antonio de Salcedo, de quien se dice que, para financiar tan fastuoso puente, vendió a unos libreros de apellido Pando, setenta y dos manuscritos de Pedro Calderón de la Barca por los que obtuvo dieciséis mil reales, como ha escrito el madrileñista Francisco Azorín.

Fue el marqués natural de Soria, donde había nacido en 1646. En su mocedad llegó a ser corregidor de Córdoba y, bajo el reinado del primer monarca de la dinastía borbónica, Felipe V, recayó sobre sus espaldas, desde 1715 a 1720, la responsabilidad de la Hacienda Real. Fue precisamente en 1715 cuando el marqués de Vadillo accedió al cargo de corregidor madrileño, desde el cual acometió obras tan importantes como el adecentamiento de la ribera izquierda del río Manzanares.

La Virgen del Puerto

En ella, desde entonces hasta hoy, a los pies del Campo del Moro, se encuentra una de las escasas ermitas preexistentes de aquella época, mandada edificar por Vadillo. Se trata del pequeño recinto eclesial de la Virgen del Puerto, un edificio singular de curiosa belleza. Rodeada hoy de jardines, muestra su construcción en ladrillo, con pórtico barroco y cubiertas en forma de chapiteles, esos remates de pizarra y plomo tan propiamente madrileños, bien que fueran importados de Europa Central bajo el mandato de los Habsburgo o Austrias, habida cuenta de las grandes nevadas invernales que allí sobrevenían y que obligaban a construir los tejados con grandes inclinaciones para impedir la acumulación de la nieve en los áticos. La ermita, pues, posee uno de los chapiteles más característicos de Madrid.

En su construcción participó el arquitecto Pedro de Ribera, quien fuera autor, asimismo, del pórtico del Hospicio, hoy Museo de Historia, en la calle de Fuencarral, justo al lado de la estación de metro de Tribunal. Cabe recordar que esta fachada, una de las más singulares de Madrid, fue abominada por numerosos historiadores del arte hasta que a principios del siglo pasado consiguió su reacreditación como expresión estilística de una época a caballo entre el barroco decadente y el naciente neoclasicismo, de cuya mixtura da cuenta la ermita ribereña.

Un río recobrado

Fue sin duda el marqués de Vadillo precursor de quienes con el tiempo, tres siglos después, se aplicarían a recobrar para Madrid su fachada hacia el río Manzanares, ese curso de agua de excelente calidad que nace en el llamado Ventisquero de la Condesa, a los pies de la cumbre de la Bola del Mundo, no lejos del arranque de la llamada Cuerda Larga, entre prietos bosques de pino, enebro y algún hayedo. Poderoso y turbulento en su comienzo, represado luego en los embalses de Santillana y El Pardo, el río llega a Madrid muy menguado. No obstante, el Manzanares ha dado algunos sustos, como en diferentes y súbitas avenidas, las mismas que llevaron al marqués de Vadillo a disponer que se dotara al puente de Toledo de hasta una decena de ojos por donde encauzar sus aguas cuando la lluvia así lo aconsejara. Uno de los sustos más acentuados lo provocó el río en el año 1983 cuando, tras desbordarse el lago de la Casa de Campo, sus aguas descendieron hasta llegar al Manzanares, que rebasó los pretiles que lo encercan e inundó sus riberas en un hecho del que no se tenía memoria viva.

El caso es que la ciudad vivió casi siempre de espaldas al Manzanares, asaeteado por poetas y escritores que, tal vez, desconocieron que posee más caudal que el bíblico río Jordán y que su capacidad de canalización supera la que hoy muestra la populosa red canalera que se extiende al norte de la ciudad francesa de Lille. Prueba de ello fue la existencia de distintos planes y proyectos, bajo reinados de dinastas Austrias y Borbones, para hacer navegable el río Manzanares, primero hasta el Tajo en Toledo, vía Jarama, del cual es afluente río abajo de Rivas Vaciamadrid, y de allí hasta Lisboa.

Fue precisamente la conexión fluvial entre Madrid y la capital portuguesa la que permitió detectar en el litoral lisboeta, en 1972, una fuga radiactiva en el reactor nuclear de la Ciudad Universitaria, a los pies de la Dehesa de la Villa, cuyas aguas subterráneas desplazaron hasta allí su mortífera carga. El grave incidente fue silenciado por las autoridades, pese a la proximidad de la población estudiantil que allí cursaba entonces sus estudios, cerca de cien mil alumnos.

Por cierto, de la Dehesa de la Villa arranca la cornisa que dibuja la línea de horizonte de Madrid retratada por Goya en muchos de sus lienzos y que, cincuenta años antes, el marqués de Vadillo quiso preservar. Hasta entonces, la ribera del Manzanares era lugar elegido por las lavanderas madrileñas para faenar con la ropa, mientras el río presentaba islotes grandes formados por arenales sedimentados por la corriente en su incesante discurrir.

Tras la última fase de unas mortificantes, costosísimas y prolongadas obras —habían comenzado en 1970— que en el inicio del siglo XXI estremecieron toda la fachada occidental madrileña, la vía de circunvalación M-30 fue soterrada, las riberas del Manzanares quedaron despejadas de tráfico auto-

movilístico y su contorno, reurbanizado, se muestra ahora tapizado por miles de árboles y arbustos, jalonado por decenas de bancos y surcado por carriles-bici. Aquellas obras, inauguradas en 2007, parecen haber consumado definitivamente la reconciliación de Madrid con su río, al cual la ciudad ya nunca dará más la espalda y por cuyas riberas miles de personas, cada día, pasean o cruzan en bicicleta.

Líneas 1 2 3

Sol, rompeolas de todos los Madriles

La diseñada centralidad de las líneas de metro de Madrid, en sintonía con el tradicional centralismo político y administrativo hispano tantos lustros campante en estos pagos, confiere a esta plaza una importancia crucial. En ella abrevan casi todas las líneas, de tal forma que la estación de Sol es un verdadero queso gruyere perforado por cien túneles, otras tantas galerías, distintos niveles y trabados enlaces. Todo pasa por encima o por debajo de la plaza: paseantes, viajeros, noticias...

Con razón contuvo en su propio lar, durante los siglos XVI y XVII, un famoso mentidero, de donde surgían las más consistentes noticias, preludiadas siempre por rumores que poco a poco iban mitigando su primitiva apariencia escandalosa. Las gradas del allí enclavado templo de San Felipe, paraje del vecinal colmado, filtraban incluso nuevas procedentes de la lejana América que hasta allí llegaban por el frenesí de los propagadores de noticias, que encontraban en los peldaños de la iglesia atención y escucha para sus mejores cuitas. Bajo las gradas operaban pequeños comercios, desde donde, al igual que los buhoneros, partían o arribaban también los productos verbales que los/las propaladores/as difundían o recibían allí mismo y cuyas ondas procedían o alcanzaban los lugares más remotos del imperio, a la sazón el más extenso de la Tierra, con enclaves tan distantes como las islas Filipinas, en el Extremo Oriente, que debían su nombre al Rey que instaló la corte en Madrid, Felipe II, o al continente australiano, que lleva el de la dinastía del mismo monarca, la de Austria.

Recuerdos trágicos

Pocas plazas en el mundo cuentan con repertorios de sucesos tan densos como los ocurridos en la Puerta del Sol, entre los que cabría destacar cuatro, que abarcan desde la dimensión trágica, a la dimensión festiva, y también de alcance cuasi universal. Vayamos con los primeros sucesos. La Puerta del Sol albergó durante tres siglos dos templos: el ya mentado de San Felipe, situado en la esquina donde arranca la calle Mayor, y el del Buen Suceso, adosado a un hospital erigido allí en tiempo de los Reyes Católicos, en torno a 1483 y sobre un eremitorio preexistente.

Las ruinas recientemente halladas bajo la Puerta del Sol proceden del reformado Real Hospital de Corte, edificado en 1529 tras recibir una bula específica del pontífice Clemente VII. Tiempo después los monarcas austriacos decidirían celebrar en aquella iglesia algunos de sus principales fastos a propósito del nacimiento, la llegada o la muerte de vástagos, consortes o dinastas.

Bernardino de Obregón, beato madrileño, sería en 1579 y años siguientes uno de sus administradores. El hospital, que llevaba adosada la mencionada iglesia, fue edificado en el extremo oriental de la Puerta del Sol sobre una ermita consagrada a san Andrés. La Puerta del Sol, una cancela virada hacia la salida de Madrid en dirección a Alcalá, desapareció como tal en 1536, pero su nombre se conserva hasta nuestros días.

La principal tarea hospitalaria fue asistir a funcionarios de la Corte, que, pese a ser itinerante hasta 1561, contaba cada vez con un mayor número de servidores asentados en Madrid. Su dirección se encomendó a una congregación que con el tiempo pasaría a manos de los discípulos de Obregón. Los limosneros reales pertenecieron a esta cofradía, por lo cual los recursos afluyeron de manera segura. En un principio, el hospital tuvo treinta y tres camas, las cuales sucesivamente fueron multiplicándose; una disposición regia le asignó cien fanegas de trigo y otras tantas de cebada para alimentar a los hospitalizados. En 1685 le sería asignada, durante cada día del verano, media arroba de nieve procedente de un pozo de nieve que abastecía al Alcázar de los Austrias.

El Buen Suceso

El nombre del Buen Suceso surgió después de que, en el año de 1606, dos hermanos de la orden hospitalaria llamada de los Obregones, Guillermo Martínez Ríjola y Gabriel de Fontanet, en una peregrinación hacia Roma, al verse sorprendidos por una estruendosa tormenta en la sierra castellonense de la Traiguera, descubrieron en una cueva una pequeña imagen de la Virgen María. Llevaron la imagen consigo hasta el Vaticano, donde el papa Paulo V denominó la talla con el

nombre del Buen Suceso, que signaría desde entonces el hospital y el templo adjunto.

Una procesión anual acompañaba a la imagen llevada por los aguadores de las siete fuentes de los Caños del Peral —donde hoy se halla la estación de metro de Ópera—. Un incendio abatió el *campanile* de la torre del Buen Suceso en 1620 y un año después Gregorio XV concedió un reglamento al hospital, reconstruido, al tiempo que la iglesia recibía un retablo de Pedro Latino y un lienzo de la Virgen María pintado por Juan de Solís y Luis Fernández.

La devoción mariana fue creciente en torno a la imagen, y eventos religiosos y regios se celebraron en el templo, que pervivió a otro incendio en 1701. Un privilegio del Papa, rubricado en 1732, autorizó a los sacerdotes de la iglesia madrileña a misar hasta las dos de la tarde, por lo que la sorna popular etiquetó al templo como «la capilla de los dormilones».

El 1 de noviembre de 1755, fecha del sangriento terremoto de Lisboa, la cruz que remataba la torre de la iglesia del Buen Suceso cayó al suelo y mató a dos jóvenes que caminaban por una calle contigua. En 1803, la crónica madrileña aseguró que en la iglesia del Hospital del Buen Suceso, al Rey de Nápoles, padrino de la boda de su hija Cristina con su yerno el Príncipe de Asturias, futuro Rey, Fernando VII, le fue sustraída su tabaquera por un ladrón que rasgó la casaca que el monarca lucía con una navaja sin que se percatara.

Altar de patriotas

En 1808, la iglesia del hospital fue refugio de los patriotas alzados en armas contra dragones y mamelucos del ejército imperial de Napoleón. Fue, pues, uno de los enclaves donde el pueblo de Madrid, harto de la arrogancia —y la gorronería, por cierto— de las tropas napoleónicas, el 2 de mayo de aquel histórico año, se alzó en armas contra los soldados del Emperador, y allí mismo propinó una soberana y súbita paliza, degollina incluida, que devino en una brutal e indiscriminada represión a base de plomo fundido contra todo tipo de lugareño hallado en las calles. En aquel lugar, a las puertas del templo donde los patriotas se habían refugiado, las descargas de fusilería segaron centenares de vidas.

Francisco de Goya situaría su famosa obra *Carga de los mamelucos* frente al templo, que se cubrió de sangre y no pudo servir de amparo a los que intentaron cobijarse en él. Poco después la ruina se apoderó de la iglesia, que en 1854 fue demolida y trasladada a la calle de la Princesa. De ella sería párroco en la década de 1950 el confesor del dictador Francisco Franco, de apellido Boulart.

La mansión siniestra

No menos trágicas fueron las escenas vividas por miles de personas en los sótanos del edificio de la llamada Casa del Correo, que fue en su origen punto de arranque de casi todas las diligencias que de Madrid partían o a la ciudad llegaban con sus sacas postales a cuestas. Este mismo palacio sería transformado durante la Segunda República en sede del Mi-

nisterio de la Gobernación y, bajo el franquismo, en Dirección General de Seguridad. Para hacerse una idea de lo que tras sus muros acaecía, hay que desplazarse a su parte trasera, a la calle de San Ricardo, donde fue costumbre de algunos esbirros del Régimen nacional-católico, nacional-sindicalista y nacional-tradicionalista del general Francisco Franco Bahamonde arrojar por la ventana a los detenidos por su real o supuesta significación política o sindical, para, posteriormente, ya tullidos, fusilarlos en algún cuartel del extrarradio sentados en sillas porque no podían tenerse en pie. Allí colaboraban en los incesantes interrogatorios o asesoraban a los interrogadores médicos, algún discípulo de psiquiatra de apellido compuesto, burócratas, letrados y toda suerte de personal seleccionado, señaladamente, por sus pulsiones sádicas.

Por la Casa de Drácula, la Mansión o, simplemente, la DGS, como llegó a llamarse aquel templo impío del franquismo, desfilaron durante treinta y siete largos años miles de ciudadanos y ciudadanas cuyo principal pecado había sido haber anhelado una vida en libertad, próspera y plena de derechos y deberes democráticos.

Actual centro neurálgico

Hoy, la lonja del antiguo templo de la Puerta del Sol queda ahora alineada con el perfil del nuevo andén de la estación de metro. Una parte de aquellos muros se muestra al público a unos siete metros de profundidad, la misma distancia que separa su emplazamiento del lugar que inicialmente ocuparon.

La Puerta del Sol, donde viviera en una fonda situada en el vértice con la calle de Preciados el escritor argentino Jorge Luis Borges, ha sido asimismo escenario de avatares jocosos, como el que cada año festeja el Fin de Año y la llegada del Año Nuevo. Desde la campanería que corona el edificio del hoy Gobierno regional y antiguo Ministerio de Gobernación, Madrid se ve latir al ritmo del gran reloj que preside la plaza, cuidado por una saga de relojeros con tienda en la calle de Alberto Bosch, detrás del Museo del Prado.

Jóvenes en cólera, verbo en el asfalto

Epicentro del ferrocarril metropolitano, enclave cosmopolita por excelencia y plétora de las pulsiones vitales que singularizan el día a día madrileño, la Puerta del Sol fue elegida por decenas de miles de jóvenes —y no tan jóvenes— indignados para universalizar desde allí una protesta de nuevo cuño, donde la palabra, escrita y, sobre todo, hablada, se convirtió en credencial de lo que surgía espontáneamente de miles de ánimos disgustados con un sistema de vida cada vez más excluyente y marginador para la juventud y el futuro.

Numerosos pequeños corros, dispersos igualmente por plazas aledañas, sembraron de diálogo el suelo, donde, sentadas de moritos, miles de personas involucradas o con deseos de involucrarse en saber lo que pasa y contribuir a arreglarlo intercambiaron conocimientos, pareceres y opiniones. Allí se sentaron gentes de todo tipo cada vez más incomodadas con una forma de suplantar la política y asfixiarla mediante un desafuero incesante de vaivenes financieros propios de casinos, con efectos muy adversos para la vida cotidiana de las gentes de a pie y decisiones de envergadura adoptadas siempre a favor de unos pocos privilegiados y de espaldas a los intereses de la calle.

El candor y los escrúpulos de las primeras semanas a partir de aquel rotundo 15 de mayo de 2011 llevaron a los reunidos a confundir la unanimidad con el consenso, de tal manera que adoptar una sola decisión, en asambleas específicas y sentadas temáticas de hasta un millar de personas, resultaba completamente imposible, ya que un solo voto en contra truncaba toda posibilidad de que lo allí propuesto medrara.

Símbolo de aquella mixtura entre el mundo visible y el oculto, la superficie y el subsuelo sociales que allí se daban cita, ha sido el imponente acceso al metro de Sol, conocido por los lugareños como el «tragabolas», una marquesina de vidrio con forma de concha de apuntador que el arquitecto Antonio Fernández Alba proyectó para su ubicación en el corazón de la Puerta del Sol. Sus brillantes paramentos se vieron totalmente opacados en aquellos días bien por quienes, para percibir lo que en la plaza se cocinaba, se encara-

maron sobre ellos, bien por los numerosísimos carteles con aforismos y frases cortas donde las palabras «pobreza» y «libertad» marcaban el nádir y el cénit de las críticas o anhelos de los allí congregados.

Índice onomástico